散货码头粉尘智能监测与控制

彭士涛　洪宁宁　张　意　叶　寅　苏　宁　著

科　学　出　版　社

北　京

内 容 简 介

针对新时期散货码头粉尘防治需求，本书梳理归纳了国内外相关研究进展，详细阐述了散货码头的运输现状、作业重点起尘环节、粉尘除尘机理和影响因素，系统介绍了粉尘起尘规律模拟实验，以及在此基础上实现全场区智能监测和溯源的方法和路径，并选取典型案例对粉尘智能监测与控制系统的构建和应用进行了介绍。

本书可供散货码头粉尘污染防治管理、科研和工作人员使用。希望本书能为港口环境保护行业理论研究和应用实践的进一步深化提供支撑。

图书在版编目(CIP)数据

散货码头粉尘智能监测与控制/彭士涛等著. —北京：科学出版社，
2023.12
　ISBN 978-7-03-075732-6

Ⅰ. ①散⋯ Ⅱ. ①彭⋯ Ⅲ. ①智能传感器-应用-散货码头-粉尘-监测②智能传感器-应用-散货码头-粉尘-控制　Ⅳ. ①U656.1②X513

中国国家版本馆CIP数据核字(2023)第104406号

责任编辑：冯晓利／责任校对：王萌萌
责任印制：师艳茹／封面设计：无极书装

科学出版社 出版
北京东黄城根北街 16 号
邮政编码：100717
http://www.sciencep.com
北京捷迅佳彩印刷有限公司 印刷
科学出版社发行　各地新华书店经销
*
2023 年 12 月第 一 版　开本：720×1000 1/16
2023 年 12 月第一次印刷　印张：10 1/2
字数：210 000
定价：168.00 元
(如有印装质量问题，我社负责调换)

前　言

港口大气污染物的防控逐渐成为交通运输大气污染治理的重点领域之一。交通运输部也相继出台政策要求加强煤炭、矿石等干散货码头粉尘专项治理，对干散货码头除尘技术开展相关技术攻关研究已经迫在眉睫。

散货码头现有粉尘控制技术以湿式除尘为主，但现有湿式除尘技术针对性不强，除尘效率偏低，浪费了大量的水电资源。在此背景下，研究散货码头湿式除尘智能监测和控制技术，研发散货码头粉尘智能控制系统，实现煤炭装卸堆存除尘科学化和精准化，可以提升我国散货码头污染防治水平并降低除尘水电资源消耗，对提升我国散货码头绿色发展水平和综合竞争力具有重大意义。

本书梳理归纳了国内外相关研究进展，详细阐述了散货码头的运输现状、作业重点起尘环节、粉尘除尘机理和影响因素，系统介绍了粉尘起尘规律模拟实验，以及在此基础上实现全场区智能监测和溯源的方法和路径，并选取典型案例对粉尘智能监测与控制系统的构建和应用进行了介绍。

本书主要创新性内容包括：

（1）介绍了基于风洞试验的散货码头常规作业以及新式翻车作业的起尘规律研究成果，探索了静态堆存及超高含水率条件下的煤炭起尘变化规律，获得了超高含水率状态下煤炭起尘模型。

（2）介绍了颗粒物激光雷达在散货码头粉尘监测中的创新应用，利用激光雷达面域扫测与在线监测设备定标功能的结合，实现了港口区域的粉尘面域网格化智能监测。

（3）介绍了基于颗粒物激光雷达和在线监测的粉尘溯源算法建立的港口散货装卸精准抑尘模型，实现了港口堆场无组织排放点的精准溯源。

（4）介绍了散货码头作业重点环节精准抑尘控制系统及其应用，该系统实现了除尘频率和强度的科学化和精准化。

本书在撰写上力求内容丰富、数据翔实、案例充分，突出先进性和适用性，希望能为从事散货码头粉尘污染防治管理、科研的工作人员提供参考，也希望能为港口环境保护行业理论研究和应用实践的进一步深化提供支撑。

目 录

第1章 概 述

1.1 背 景

近年来，我国大气污染防治形势严峻，以可吸入颗粒物(PM_{10})、细颗粒物($PM_{2.5}$)为特征污染物的区域性大气环境问题日益突出，损害人民群众身体健康，影响社会和谐稳定。在此背景下，大气治理受关注度随之升温，国家不断强化大气环境治理，推出相关政策和法规。2013年9月，国务院出台《大气污染防治行动计划》（简称"大气十条"），强调了大气污染治理的决心。根据大气环境污染严峻形势和中央提出的加快推进生态文明建设的精神，2015年8月《中华人民共和国大气污染防治法》修订通过，被称为"史上最严大气污染防治法"。党的十九大提出，将污染防治攻坚战作为决胜全面建成小康社会的三大攻坚战之一，要求坚持全民共治、源头防治，持续实施大气污染防治行动，打赢蓝天保卫战。2018年6月，国务院印发《打赢蓝天保卫战三年行动计划》。这一系列的法律法规政策的出台，显示出我国大气污染的严峻形势及国家加强大气污染治理的决心。

交通运输是国民经济的基础设施和基础产业。近年来，交通运输部相继发布了《加快推进绿色循环低碳交通运输发展指导意见》《交通运输部关于推进港口转型升级的指导意见》《推进交通运输生态文明建设实施方案的通知》《交通运输部关于推进长江经济带绿色航运发展的指导意见》《关于全面深入推进绿色交通发展的意见》等文件，并提出"当前和今后一个时期要全面深化改革，集中力量加快推进四个交通（综合交通、智慧交通、绿色交通、平安交通）发展"。在此背景下，深入推进绿色交通发展，服务交通强国建设成为必然趋势。港口作为世界货物运输的重要枢纽，是世界经济增长的重要推动力。但随着港口的发展，不可避免带来环境污染问题，如粉尘污染问题已经成为散货码头不可忽视的主要环境问题之一。调查表明，国内散货码头大气总悬浮颗粒物（TSP）值普遍超标，特别是部分老港区，中心地带起尘量较大，污染严重。港口大气污染物的防控逐渐成为交通运输大气污染治理的重点关注领域之一。交通运输部也相继出台政策要求加强干散货码头粉尘专项治理。对干散货码头除尘技术开展相关技术攻关研究已经迫在眉睫。

散货码头现有粉尘控制技术以湿式除尘为主，但现有湿式除尘技术针对性不强，除尘效率偏低，浪费了大量的水电资源。在此背景下，研究散货码头湿式除尘智能监测和控制技术，研发散货码头粉尘智能控制系统，从而实现煤炭装卸堆存除尘科学化和精准化，进而提升我国散货码头污染防治水平并降低除尘水电资源消耗，对提升我国散货码头绿色发展水平和综合竞争力具有重大意义。

1.2　国内外相关研究进展

1.2.1　散货粉尘起尘机理及规律研究

1. 国外相关研究

国外对散粒体起尘问题的研究开展较早，研究过程主要经历了风沙粒和散货颗粒物两个阶段。

1) 风沙粒研究阶段

最初的散粒体行为过程和环境效应研究对象为风沙粒。该阶段，美国、德国、法国、日本等国家的科研工作者开展了大量工作，例如提出了沙粒的典型运动形式，如跃移、蠕移以及尘粒的悬浮运动等。Bagnold 是最早在理论方面探讨风力输沙的研究者，于 1941 年创立了风沙物理学，在一系列简化和假定的前提下提出了全沙输沙率公式(包括蠕移质)。1951 年，河村和龍馬对 Bagnold 公式进行了一些改进。在风与颗粒物相互作用中，Bagnold 发现风作用下沙的运动与水流作用下泥沙的运动有共同之处，提出将水流中推移质输沙率计算公式加以修改运用到风沙输移模型中，得出的公式中结构与水流中泥沙输运公式基本相似，都是输沙率与摩阻流速的 3 次方成正比，或者与风速超过沙粒起动速度部分的 3 次方成正比。由于此类群体颗粒实验存在随机性特点，利用简单的力学原理所推导出来的各种以确定性因素为变量的公式往往只适用于较为理想的条件，后人的实测结果进一步证实了这种差距的确存在。

2) 散货颗粒物研究阶段

自 20 世纪 70 年代开始，随着煤炭、矿石等散货运输量和储存量的增加，随之引起的粉尘污染也与日俱增。国外许多学者开始将转而研究煤炭等颗粒物的起尘过程，并在前人研究的基础上将研究内容进行了细化与深入，针对散货堆场悬浮颗粒静态过程以及作业过程中各类动态过程的排放因子进行定量研究，如堆场道路汽车引起的二次扬尘、道路及堆垛风刮起尘、散料装卸过程作业起尘等对总排放因子的贡献。由于煤炭、矿石等颗粒物的起尘机理与风沙起动过程有一定相似性，其理论成果可以借鉴。由于现场条件的不可控性以及其他一些人为因素的制约，在现场直接测定起尘量几乎不能够实现，因此起尘量基本上都是通过风洞模拟实验或数值模拟来进行确定。实验过程中，一般重点考虑风速、湿度、粒径等因素对起尘量的影响。

1975 年，Cowherd 等认为，在计算地面起尘因子时，需使用标准气象学和固体颗粒学数据，与实验室情况有很大的区别。他们共安排了 11 次 24h 和 8 次 12h 连续现场采样，对散货物料堆悬浮颗粒物起尘规律进行研究。由于现场各种条件错综复杂、相互影响，定量确定存在一定困难，Cowherd 采用的方法是在测定中分别考虑风速、降水量、粒径和装卸作业对起尘量的影响，并分析了它们之间的相关性，提出如下起尘量校正因子。但其起尘模式中对起尘影响颇大的风速因子在公式中却并未出现，并且粒径分布和装卸作业也并未在实验中有所反映，因此后人普遍认为此次观测是失败的。1978 年，Cowherd 还通过风洞试验研究了煤堆表面固结现象对起尘量的影响，并根据实验结果对之前提出的开敞平展土壤表面的起尘量公式进行了修正。1982 年，Cowherd 再次通过风洞试验证明，平稳风速下煤堆的侵蚀较困难，而阵风的扰动能轻易刮起潜在的起动颗粒。因此 Cowherd 认为，阵风引起颗粒物的起尘量更大。另外，还发现风对起尘的影响还取决于煤堆表面的平整程度，而堆场装卸作业面存在风蚀的风险。

20 世纪 80 年代以来，日本相关学者也对煤炭矿石堆场颗粒物的起尘和悬扬规律进行了研究。不同的是，欧美学者的研究重点集中于 7μm 左右的悬浮颗粒物，而日本的研究学者则把重点集中于粒径为 10～700μm、能形成降尘的颗粒，他们的采样布点方法有较大差异，对于数据的统计方式也有所差别，结果也就不尽相同。1978 年，由于日本在华建设火电厂的需要，中国电子科技集团有限公司与三菱重工对煤炭起尘问题进行了专项调查和研究。在此基础上，于 1980 年到 1981 年确定了煤尘飞散预测及其防治措施，提出的起尘量预报公式，并在 1982 年又进行了现场实测，实测结果与预报公式是相符的。有学者在日本长崎又进行了相应的风洞试验研究，探讨了煤堆起尘量与含水率、风速、粒径之间的关系。与此同时，他们还在下关发电所进行了自然条件下的现场实测，通过在所内设置模拟煤堆测定其起尘量，与风洞试验结果也是吻合的，其提出的起尘模式中起尘量与风速 5 次方成正比。1988 年，美国国家环境环保局(EPA)在官网发布的《空气污染物排放因子汇编》(AP-42)更新条目中给出了风蚀起尘量估算方法。其方法考虑了风速、密度和降雨量的影响，考虑因素较为全面，但计算复杂，且公式参数物理含义不明确，因此没有得到广泛应用。在此之后，EPA 不断更新《空气污染物排放因子汇编》，至 2001 年 AP-42 出版了第五版，第五版的最新条目更新至 2011 年，目前最新的 AP-42 中给出了更为完善的煤堆场风蚀扬尘量计算公式，并给出了圆锥形和带平顶的椭圆形两种典型的料堆形式的计算方法。AP-42 给出的扬尘量计算公式是在大量排放测试的数据基础之上，通过回归分析而得出的经验公式。到目前为止，得到全球广泛认同的也只有 EPA 的《空气污染物排放因子汇编》中提供的方法。对于该方法的应用，我国学者也进行了相关研究，但由于使用过于烦琐，尽管考虑因素全面，统计方法科学，依然没能得到普遍使用。

2. 国内相关研究

国内关于散货物料颗粒物起尘问题的研究开始于 20 世纪 80 年代。交通部最早于 1984 年颁布了《港口装卸作业煤粉尘浓度控制指标》(JT 2006—84)，其中仅给出了煤尘控制的指导思想和控制指标，指出以防为主，将粉尘控制在产生之前。而其实施措施和控制方法比较笼统，停留于概念阶段，如仅指出需要设立洒水设备，而对洒水的喷洒量和频率却没有给出有效的建议。1985 年，徐天真等较早开展了煤炭起尘问题的研究，针对青岛港煤码头提出起尘量估算经验公式。1986 年，王宝章等、朱景韩和刘琴分别针对秦皇岛港和上海港煤炭码头进行了相应的风洞试验和现场观测，但仅考虑了某一含水率下起尘量随风速的变化规律。随后，王献孚等在马乾初研究的基础上，选择煤炭和煤矸石进行进一步的对比实验，研究不同物质在同一工况下起尘规律的区别。1997 年我国交通部发布了第一版《港口建设项目环境影响评价规范》(JTJ—1997)(以下简称 1997 年版《规范》)，1997 年版《规范》在结合了国内外煤炭扬尘量计算的有关研究之后给出了煤尘计算公式，该式中煤尘起动风速需要依据试验确定，较烦琐且与煤炭含水率有关的系数的概念不够明确，也未说明取值方法，不便于公式的使用。1998 年，刘海玉和冯杰针对堆场静态起尘及道路起尘问题，进行了堆场二次扬尘计算方法的研究，并根据风洞试验结果进行了煤炭动态及静态过程中起尘量的估算。2007 年，高艳艳等分析了煤炭起动的影响因素，通过对在不同风速及含水率下煤场起尘量的估算，对煤场下风向 TSP 浓度进行了预测。2010 年，丛晓春等联合交通运输部天津水运工程科学研究院联合攻关，对不同含水率和不同风速的工况进行了组合，通过数值模拟和风洞试验归纳出起尘量的计算公式。2010 年，中交水运规划设计院有限公司联合大连理工大学采用粉尘空气浓度为计量指标针对煤炭起尘规律进行了研究。自 20 世纪 80 年代开始至今，交通运输部天津水运工程科学研究院在港口散货粉尘起尘机理和规律研究方面开展了全面深入研究，并取得大量科研成果。2011年，我国交通运输部发布新的《港口建设项目环境影响评价规范》(JTS 105—1—2011)(以下简称新版《规范》)，同时废除1997年版《规范》。基于交通运输天津水运工程科学研究所开展的《大型港口散货粉尘污染起尘规律研究》，新版《规范》采用的煤堆场扬尘量公式有了较大改动，新版《规范》公式综合考虑了风速、含水率、粒径、物料种类、堆间影响多重因素的影响，相比于1997年版《规范》的公式，新版《规范》的公式科学合理，物理含义明确，可操作性也更强，为环评工作者提供了有力的参考工具。但未对新版《规范》的公式中某些参数的量纲及单位进行说明。在实际应用中，不同的使用者结合自己的理解进行应用，导致不同的使用者计算出的起尘量差别较大。2015年3月，为指导全国各地环保部门科学规范地开展扬尘污染治理工作，摸清我国扬尘排放的基本情况，建立动态的扬尘污染数据库和管理信息系统，由中国环境保护部科技标准司组织，由南开大学起草编制的《扬尘源颗粒物排放清单编制技术指南(试行)》(以下简称《指南》)正式发布使用。《指南》中推荐的起尘量计算公式与美国环保局颁布的AP-42中推荐的起尘量计算公式有很多相同点，但在很多参数的取值上做了一些简化和修改，使之更具可操作性，并且增加了一些AP-42中没有的参数。但因指南制定时间较为仓促，指南中采用计算模式中的部分参数推荐值及抑尘效率的推荐值均值得进一步商榷。

综上所述，自20世纪50年代开始，国内外研究者们对颗粒物起尘问题的机理已经进行了较为详尽的研究，对于起尘过程的规律也积累了一定的风洞试验和现场实测资料，总结出了相关估算公式和模型。

1.2.2　散货粉尘污染控制技术

港口系统广泛应用的除尘技术主要有干式除尘系统和湿式除尘系统两大类。

1. 干式除尘系统

干式除尘以布袋除尘和静电除尘两种技术应用较广，其除尘机理主要为将污染空气吸入除尘设备进行处理后将洁净气体排入大气。干式除尘主要应用于封闭空间，处理设备运营费用高，维护复杂。基于干式除尘的缺点，近年来港口干散货码头装卸大部分节点如翻车机、堆取料机和装船机采用湿式除尘的方式进行粉尘控制。港口散货装卸湿式除尘的基础投资小，现场操作简单，安全可靠，抑尘效果较好，是散货码头装卸的主要抑尘措施。

2. 湿式除尘系统

湿式除尘技术是利用水或其他液体，使之与尘粒相接触而分离捕集粉尘的方法。1956 年，马仁民通过引用苏联的一些相关资料，对水力除尘进行了深入探讨，指出了水力除尘最经济的用水量以及喷嘴的选用等问题，至此湿式除尘技术在国内得到了更好的推广。20 世纪 50 年代后，湿式除尘技术被不断改进广泛推广。21 世纪初，$PM_{2.5}$ 对人类健康的危害引起高度重视。近几年来，湿式除尘技术得到不断发展。人们通过不断改变雾化效果来提高除尘效率。为了减小水雾粒度，程卫民等测量了高压喷雾的雾化粒径，通过实验和现场测试表明，喷嘴雾化压力对抑尘效果有直接影响，认为喷雾压力在 8MPa 时抑尘效果最佳，并给出了雾滴粒径与粉尘粒径匹配的计算方法，为选择喷嘴提供了依据。关于湿式除尘中细水雾场和粉尘场的耦合机理，多位学者应用 FLUENT 软件对其进行了模拟分析。马素平和寇子明、张小艳等对细水雾降尘机理进行了实验研究，建立了细水雾降尘的数值模型。程卫民等对煤矿高压喷雾雾化粒度的降尘性能进行了研究，指出喷雾的高压雾化可以提高降尘效率。赵振保等做了关于煤尘润湿性的实验研究，指出煤尘固定碳含量与煤尘润湿性之间的关系。马中飞等建立了 Mixture 混合模型，对水气旋转射流降尘系统进行了数值模拟。刘荣华等分析高压雾化喷嘴雾化特性以及影响降尘效果的因素，通过搭建实验平台模拟巷道的粉尘工况测试除尘装置的性能，并通过大量实验来分析降尘效率的影响因素，实验结果显示当雾粒平均粒度接近粉尘颗粒粒径时降尘效果最好。陈曦和葛少成采用破碎、碰撞和蒸发等物理模型，运用 CFD 软件模拟喷雾抑尘过程，研究喷嘴特性参数与降尘效率之间的关系，发现雾滴粒径随着喷嘴压力的增加而逐渐变小，雾滴运动速度也明显增大，提高了粉尘的捕集效率。

近年来，随着环境污染治理要求的提升和智能控制技术的发展，干散货码头的环保设备也开始走上智能化发展道路。如何满足环保要求的前提下，消耗最少的水和电资源，达到更好的除尘降尘效果，是研究工作的重点。一些科研机构和港口公司开始在环保设备的智能控制方面做了有益的尝试。交通运输部天津水运工程科学研究院研发了港口智能喷洒水系统系列产品并在港口开展了应用，初步实现了散货码头露天堆场喷淋系统智能化控制。该系统主要针对港口露天堆场静态起尘的粉尘控制，未包含装卸作业起尘的智能控制。

1.2.3 国内外相关研究进展述评

本章对散货起尘机理及规律研究、散货粉尘控制技术国内外进展进行了论述。

散货粉尘起尘机理及规律研究方面：总体而言，自 20 世纪 50 年代开始，国内外研究者们对颗粒物起尘问题的机理已经进行了较为详尽的研究，对于起尘过程的规律也积累了一定的风洞试验和现场实测资料，总结出了相关估算公式和模型。但纵观现有研究，对于散货颗粒物起尘的静态堆存的起尘机理及规律研究较多，对装卸动态作业的研究较少，缺乏针对较为先进的翻车作业等专业化散货装卸工艺的起尘规律和估算模型的相关研究。

散货粉尘控制技术方面：总体而言，国内外对干散货码头粉尘起尘机理及控制技术进行了广泛的研究，取得了大量的成果。但随着我国对环境污染治理和港口的节能降耗的要求提升，提出了更加精准科学治尘的要求，还需在现有研究的基础上进一步深化。

本书在现有的理论研究成果基础上，识别散货码头装卸作业粉尘重点环节，采用风洞试验方法进一步研究除尘机理及除尘效果影响因素，建立散货码头装卸粉尘精准控制模型，研发重点环节精准抑尘智能控制系统，为散货码头装卸的精准科学抑尘提供技术支撑。

第2章　散货码头运输及作业重点起尘环节

2.1　散货码头总体情况

2.1.1　散货码头运输基本情况

以煤炭、矿石等干散货转运为主的码头类型主要包括专业化干散货码头和通用散货码头、多用途码头。根据《港口装卸术语》(GB/T 8487—2010)、《海港总体设计规范》(JTS 165—2013)及《港口工程基本术语标准》(GB/T 50186—2013)，干散货码头是指供装载各种初级产品、原材料等散货船舶停靠、装卸作业的码头；通用散货码头是指适用于普通件杂货、散货等装卸作业的码头；多用途码头是指能适用多种船舶，普通件杂船、散货船、集装箱船、半集装箱船和滚装船装卸作业的码头。

干散货码头按照用途分类大致可以分为两类：专业化干散货码头和通用散货码头。按照运输货种分类，干散货码头可分为煤炭、金属矿石、散粮、水泥、化肥(化工原料如硫磺等)、木片、砂石料等码头；专业化干散货码头可分为煤炭码头、金属矿石码头、散粮码头和水泥码头四种。专业化散粮和水泥码头由于运输货种特殊性，码头装卸、堆场输运与存储都采取了相对密闭的工艺与设施，与煤炭、矿石码头露天、粗放式的转运模式存在较大差异。通用散货码头和多用途码头可兼顾干散货与其他货物运输，与专业化干散货码头相比，其干散货装卸工艺水平与转运效率相对较低。

根据2018年交通主管部门的相关统计数据，全国拥有干散货泊位约13140个。从泊位类型来看，全国拥有专业化干散货泊位1631个(内河1205个、沿海426个，占比12.41%)，通用散货泊位9260个(内河8456个、沿海804个，占比70.47%)，其他(泊位类型不详)2249个。

从分布水域情况看，干散货泊位主要分布于内河流域，共有泊位11576个(占比88.10%)，其中长江流域泊位数量最多，为6832个(占比51.94%)；沿海干散货泊位数量为1564个(占比11.9%)。

2018年，全国沿海拥有1万吨级及以上干散货泊位725个，其中专业化干散货泊位307个，通用散货泊位418个(表2.1)。内河拥有1000吨级及以上干散货泊位2078个，其中专业化干散货泊位502个，通用散货泊位1569个(表2.2)。

根据《固定污染源排污许可分类管理名录》(2019 年版)，纳入排污许可简化管理的沿海 10000 吨级及以上与内河 1000 吨级及以上的专业化干散货(煤炭、矿石)泊位与通用散货泊位数量共计 2648 个，占全国干散货泊位数量的 20.15%。沿海、内河不同吨级泊位数量统计表，见表 2.1 和表 2.2。

表 2.1　沿海不同吨级泊位数量统计表　　　(单位：个)

泊位类型		万吨级以下	万吨级以上	合计
专业化干散货泊位	煤炭泊位	13	260	273
	矿石泊位	76	5	81
	粮食泊位	21	33	54
	散装水泥泊位	9	9	18
通用散货泊位		386	418	804
泊位类型不详		334	0	334
合计		839	725	1564

表 2.2　内河不同吨级泊位数量统计表　　　(单位：个)

泊位类型		千吨级以下	1000～5000 吨级	5000～10000 吨级	10000 吨级及以上	合计
专业化干散货泊位	煤炭泊位	413	245	47	49	754
	矿石泊位	36	21	11	16	84
	粮食泊位	148	31	5	8	192
	散装水泥泊位	106	48	16	5	175
通用散货泊位		6887	1326	148	95	8456
泊位类型不详		1908	7	0	0	1915
合计		9498	1678	227	173	11576

据统计，2018 年全国干散货泊位年设计总通过能力约为 614908 万 t，其中沿海干散货泊位年设计总通过能力约为 322996 万 t，内河干散货泊位年设计总通过能力约为 291912 万 t。纳入排污许可管理的沿海 10000 吨级及以上与内河 1000 吨级及以上的干散货(煤炭、矿石)泊位与通用散货泊位年设计总通过能力约为 448341 万 t，占比 72.91%。干散货泊位年设计通过能力统计表见表 2.3。

根据统计，干散货码头装卸和堆存的主要货种包括煤炭、金属矿石、散装粮食、散装水泥等，其中煤炭、金属矿石、散装粮食、散装水泥设计能力分别

表 2.3　干散货泊位年设计通过能力统计表　　（单位：万 t）

泊位类型		沿海	内河			合计
			长江	其他	小计	
专业化干散货泊位	煤炭泊位	142048	34034	15157	49491	191240
	矿石泊位	71054	9964	313	10277	81331
	粮食泊位	10226	2336	1185	3521	13747
	散装水泥泊位	1508	11728	3201	14929	16437
通用散货泊位		92977	123375	70900	194275	287252
泊位类型不详		5182	12471	7247	19718	24900
合计		322996	193908	98003	291912	614908

占总能力的 31.1%、13.2%、2.2%、2.7%。涉及煤炭和铁矿石装卸作业的码头是行业粉尘污染管控的重点对象。2020 年，沿海港口煤炭、铁矿石吞吐量分别完成 21 亿 t 和 18.4 亿 t，占我国港口货物总吞吐量的 27%。从各年港口运输货物分货类统计也可以看出，我国散货运输吞吐量以煤炭、矿石为主。

2.1.2　散货码头运输特点

大型散货码头运输一般采用连续输运设备，沿一定的输送路线从装料点到卸料点均匀连续地输送物料。与间歇动作的起重机械相比，它具有以下的特点：

1. 输送过程不停顿

连续输送设备的装料和卸料是在输送过程不停顿的情况下进行的，输送设备一经起动就以稳定的输送速度沿着一定路线输送物料，所以可采取很大的输送速度，获得很高的生产率。

2. 输送设备必须沿整条输送路线布置

连续港口大宗散货专业码头的装卸船作业及散货堆场堆取料作业中常需要改变装料点及卸料点，因而连续输送设备一般不全部装设在固定的机架上，有一部分绕过沿轨道移动的门架及其悬臂上，伴随着门架的移动、悬臂的旋转及俯仰来改变装料点或卸料点。按各种不同的结构与功能就有了装船机、卸船机、堆取料机等各种机型。这时输送物料的输送设备大部分采用带式输送机。连续输送设备的可靠性、安全性及经济效果不仅由输送设备性能的好坏来决定，也在相当大的程度上依赖于各种辅助装置、自控装置及安全保护装置的密切配合。其中某一环节出现故障，就会使整个系统停顿。

3. 不宜运送质量很大的单件物品以及集装容器

在干散货专业化码头中，连续运输机是应用最广泛的装卸设备，连续运输机的设计输送量可达到 6000～7000t/h，场内配备数量通常有 20 多条甚至几十条，全长达十多千米，最长的皮带机长几千米。每条皮带机通常由两三台电动机通过变速装置、驱动滚筒来驱动。

2.2　散货码头主要作业装备和工艺

2.2.1　散货码头主要作业装备

1. 卸船机

在国内外大型、高效率的干散货码头中使用的卸船作业设备主要有斗轮式连续卸船机和抓斗卸船机两类。前者更倾向于运输一些容重较小、研磨性弱的干散货，例如煤炭。而对于矿石装卸，矿石的容重较大，研磨性也强，在装卸作业时，如果采用斗轮式连续卸船机会对设备的磨损过快，张力也过大，容易导致卸船机的提升带和廓斗损毁，必须经常进行维修或更换，此外矿石还容易导致卸料口堵塞，如采用连续卸船机会导致整机能耗多，成本高。所以一般矿石卸船采用抓斗卸船机居多。抓斗卸船机是目前使用最广泛的散货类卸船设备。根据抓斗移动方式不同将其划分为两种：一种是带斗口座起重机，由臂架控制作业幅度；另一种是桥式抓斗卸船机，通过小车沿桥架运动。前者受到自身结构的限制，对工作速度有一定影响。由于自重和轮压有限，起重量不能大幅增加，若提高起重量，为保证正常作业，设备的自重就会过大，桥式抓斗卸船机受设备构造限制较小，工作效率高，使用范围广，可满足对 30 万吨级以下的船舶的卸船作业。我国多数矿石码头均使用的是此类卸船机。对于矿石码头，相比斗轮卸船机而言，桥式抓斗卸船机的设备结构简单、发生故障少，保养和维修容易；控制部分可引进国际领先技术，安全性好；其落料仓综合考虑了环保理念，工作时扬尘量少；且额定功率明显低于斗轮卸船机，耗能少、工作成本低。

2. 装船机

装船机是连接码头水平运输系统，将货物装至指定船特定舱位的大型连续式设备。根据待作业货物不同，分为煤炭装船机和矿石装船机等。根据设备的结构不同，分为固定式和移动式两种。前者工作不够灵便，较难适应船型多样化的装船作业，但其设备构造简单，质量小，在内河港口运输中常见。相比而言，后者结构复杂、自重大，对作业环境要求苛刻，与其连接的工艺系统构造也很复杂，但其灵活性强，作业对象专业性强，多见于海港直立式码头。各种类型的装船机，即使设备构造有差异，但均将悬臂带式输送机作为其主体，包括带式输送机、机架和其他结构。在矿石码头装船作业时，矿石由后方皮带机运至装船机的悬臂皮带机，最后经溜筒装入指定舱位。

3. 带式输送机

带式输送机是使用无端输送带进行连续运输作业的设备，适用于件杂货和干散货的运输。在码头生产中，负责连接码头前沿装卸船工艺和后方堆场堆取料工艺。带式输送机根据结构和功能不同，种类繁多。主要有固定式、移动式、皮带可双向运转的可逆式、总长可调整的伸缩式等。

带式输送机是最常见的连续运输设备。与其他种类运输设备相比，其工作能力最强、运输线长度最大、性能最稳定、耗能最少，加上其质量小、使用方法简单，最适合在干散货码头这样长线水平的运输条件下工作。因此，带式输送机在干散货码头中的使用最为普遍。对于专业化干散货码头装卸工艺系统水平运输作业环节，主要是依靠连接码头前沿和后方堆场的固定式皮带机完成作业任务，使装卸船作业与后方堆取料作业无缝衔接。因此，研究装卸工艺中的水平运输环节，带式输送机的配置优化是必须考虑的环节之一。

4. 堆取料机

为配合皮带机把干散货堆存至指定堆场或将堆场的干散货运出，需使用堆取料专用设备。常见的堆场设备根据功能不同有堆料机、取料机和堆取料机三类。其中堆料机需和堆场地面固定皮带机衔接使用，负责把运来的干散货堆至堆场指定货位，主要有三种形式：双臂、单臂和旋臂。取料机是将堆场中的干散货取到水平运输环节中的带式输送机上，从而将干散货运出堆场的堆场专用设备，主要有斗轮取料机、滚轮取料机等机型。堆取料机则是既有堆料功能，又可进行取料作业的堆场设备，不过两者无法同时进行，此类堆取料机设备主要包括斗轮式和口式滚轮两类机型。对于码头装卸作业方式有堆取合一和堆取分开两种形式。由于设备工作时，进行堆取料作业的工作效率必须和与之配套的卸船、装船效率相互匹配，因此，堆取合一的作业方式更适合货种单一、作业线少且对堆料和取料的工作效率要求接近的矿石、煤炭等专业码头。

5. 翻车机

翻车机是大型的散料装卸机械设备中的关键设备之一，是先进、高效的现代铁路卸车专用设备，用来翻卸通用铁路敞车装载的煤炭、矿石、化工原料等散状物料。翻车机卸车线系统是输出型干散货码头的重要组成部分之一。以国投曹妃甸港口有限公司翻车机系统为例介绍翻车机系统作业过程：整个翻车系统由定位车、翻车机及夹轮器等部分组成。翻车机房建于港口环形铁路线上，运煤列车到达翻车机前规定的位置后停车。第一次拨车定位车移动到列车的第 3 辆和第 4 辆车厢之间，伸出定位车主臂卡在车钩处带动列车向前运行，推到设定位置后定位车返回进行第二次拨车，这次直接将火车头拨出翻车机房，把火车头摘走，之后定位车将车皮拉回翻车机内，对 4 节重车进行自动定位，夹轮器将列车固定，靠车板和压车梁固定待翻车皮，列车进入卸车状态，然后开始翻卸作业，翻车机翻转 155°，将煤炭翻卸到翻车机房下的漏斗中，漏斗下设有给料器，把已卸下的物料均匀地输送到翻车机下的皮带机上，通过皮带机系统将煤炭送入堆场。此时，定位车自动收回主臂和反向运行，进入下一次翻车循环。

2.2.2　散货码头主要作业工艺

根据我国现阶段干散货码头转运工艺特点，干散货码头大致分为装卸船作业、装卸车作业、输运、堆取料及堆场堆存五个转运环节。

1. 装卸船作业

对于专业干散货码头，一般采用装卸船机对到港船舶实施装卸作业，大机与码头前沿皮带机相连接，实现不间断式装船或卸船作业；对于通用散货码头，装卸船大都为非连续式作业，如卸船作业首先通过桥式抓斗卸船机将散货由船舱转移至码头前沿堆场，再采用装载机装车汽运至后方堆场存储。该工艺环节涉及的设施设备，主要包括散货连续装船机、卸船机(桥式、链斗式、螺旋式)、装载机、自卸汽车等。

2. 装卸车作业

该环节主要分为火车装卸车与汽车装卸车，专业化煤炭码头一般采用翻车机卸车系统对到港火车实施卸车作业，通过皮带机将散货输运至堆场，火车装车也采用效率较高的大型机械实施装车作业；对于通用散货码头，大都采用大型流动机械实施火车装卸车，部分老旧海港码头和内河小规模码头同时辅以汽车装卸与输运。该工艺环节涉及的设施设备，主要包括翻车机、螺旋卸车机、固定式装车楼、移动式火车装车机、装载机、抓斗式起重机、自卸汽车等。

3. 输运

对于专业干散货码头，一般采用带式输送机对散货物料实施输运作业，转运效率较高；对于多数通用散货码头，主要依托汽车进行输运，主要存在以下作业方式：一是通过汽运将码头前沿卸船散货转运至堆场；二是散货堆场内部的倒垛作业以及将取料机无法取到的地面部分散货归集至其他垛位等；三是少数的散货码头也存在通过汽运将火车卸料转运至堆场；四是通过汽运将散货运至距离码头较近的散货需求企业。该工艺环节涉及的设施设备，主要包括带式输送机、转接塔、装载机、自卸汽车等。

4. 堆取料

对于专业化干散货码头，经皮带机流程输运至堆场存储的散货经过堆料机卸至堆场堆存，采用斗轮堆取料机实施堆、取料作业；对于多数通用散货码头，经汽车输运至堆场的散货通过装载机将物料堆高，依托汽运的散货码头取料采用装载机实施取料作业。该工艺环节涉及的设施设备，主要包括堆料机、取料机、堆取料机、装载机、自卸汽车等。

5. 堆场堆存

现阶段我国干散货码头主要采取露天方式堆存，仅有少部分采用了筒仓、条形仓等全封闭或半封闭式堆存。

2.2.3 专业化和通用散货码头作业工艺区别

专业化干散货码头(煤炭、矿石)与通用散货码头作业工艺水平存在较大差异，其主要差异在于转运方式。一般而言，专业化干散货码头(煤炭、矿石)的装卸与输运都采用现代化大型设备作业，效率较高，干散货在港区范围内的周转次数较少；通用散货码头需要兼顾杂件的装卸作业，其干散货装卸与输运水平与能力一般较低，主要依托于流动机械(装载机、自卸汽车等)，直接导致干散货周转次数增多。专业化干散货码头(以煤炭、矿石为例)与通用散货码头转运工艺流程如图2.1和图2.2所示。

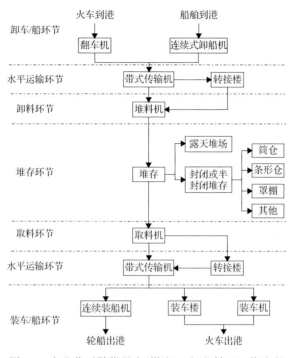

图 2.1　专业化干散货码头(煤炭、矿石)转运工艺流程

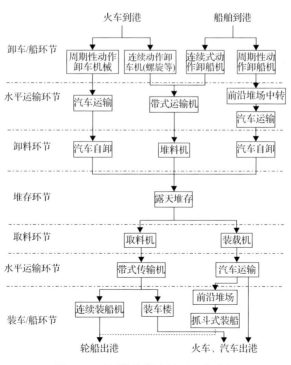

图 2.2　通用散货码头转运工艺流程

2.3　散货码头作业起尘重点环节

由于干散货货类特性以及码头转运工艺特点，干散货在码头作业过程中不可避免地受到机械扰动或者外界气象因素影响产生粉尘污染，粉尘颗粒物是干散货码头的主要污染物。

干散货码头装卸和堆存的主要货种包括煤炭、金属矿石、散装粮食、散装水泥等。如上所述，煤炭、金属矿石、散装粮食、散装水泥设计能力分别占总能力的 31.1%、13.2%、2.2%、2.7%，因此涉及煤炭和铁矿石装卸作业的码头是行业环保管控的重点对象。从各年港口运输货物分货类统计也可以看出，散货运输吞吐量以煤炭、矿石为主。一般运输煤炭、矿石的码头主要包括专业化干散货码头(煤炭、矿石)与通用散货码头。两者的工艺水平存在较大差异，其主要差异在于转运方式。一般而言，专业化干散货码头(煤炭、矿石)周转次数较少；通用散货码头干散货周转次数增多，起尘环节也较多。

专业化干散货码头(煤炭、矿石)与通用散货码头粉尘排放节点，如图 2.3 和图 2.4 所示。

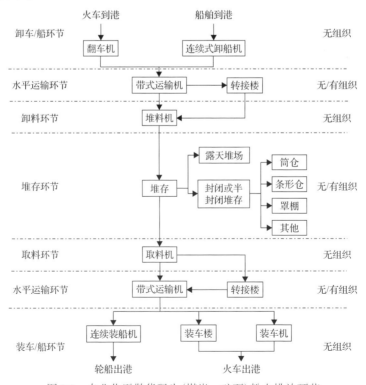

图 2.3　专业化干散货码头(煤炭、矿石)粉尘排放环节

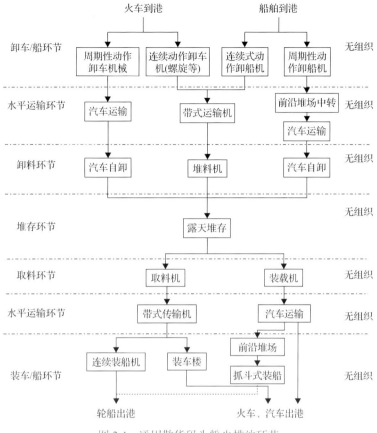

图 2.4　通用散货码头粉尘排放环节

根据上述专业化干散货码头(煤炭、矿石)与通用散货码头转运工艺流程与粉尘排放节点，对装卸作业起尘重点环节识别如下：

1. 翻车作业

翻车机翻卸过程中起尘量较大且集中，是装卸作业起尘的主要环节。该环节中约有 70%的粉尘(小于 100μm)被扰动。翻车作业一般在数分钟之内完成整个车厢的卸料，在作业过程中会产生大量的粉尘，尤其是翻车机下部的坑道内粉尘浓度较高。翻(卸)车机一般建有半封闭的翻车机房，在采用洒水或喷雾装置(或干式除尘)、下翻向漏斗等环保工艺后，翻车作业粉尘对翻车机房外部的影响并不明显，主要的控尘重点为翻车机房下部坑道的粉尘。

2. 皮带机沿线

现有专业化港口皮带机大多处在密闭的廊道中，皮带机廊道仅在维修时才有部分敞开，皮带机正常运转过程中所产生作业扬尘量可以忽略。因此，该工艺环节不作为装卸作业起尘控尘重点环节。

3. 皮带机转接

煤炭从一条皮带机到另一条皮带机时一般有几米高的落差，此时会有煤尘扬起并从进出口、导料板等处溢出。该环节一般在密闭或半密闭的转接塔中完成，转接塔中装有干式或湿式除尘设备，该环节对外部影响非常小，控尘重点为转接塔内粉尘控制。

4. 堆取料作业(含汽车装卸)

堆场堆料作业因有作业落差，取料作业因有机械扰动，在堆场堆取料作业过程中均会产生粉尘。虽然通过一定的环保措施，如控制落差或作业伴有洒水装置，使得该类作业粉尘产生量有所消减。但该类作业一般在露天状态下进行，所产粉尘均直接影响外部大气环境。因此，此类作业产尘应作为装卸作业产尘重点环节之一。

5. 装船作业

与堆场堆料作业类似，码头装船作业也因有作业落差存在动态作业粉尘。在装船作业初期，装船机深入船舱内部，其作业产生的粉尘较少。当船舱装载到一定程度，装船机溜桶将离开船舱，与料堆顶部有一定的落差，此时产尘工况与堆场堆料工况相类似。因此，装船作业产尘也应作为装卸作业产尘重点环节之一。

6. 卸船作业

对于专业干散货码头，一般采用卸船机对到港船舶实施装卸作业，大机与码头前沿皮带机相连接，实现不间断式卸船作业。该种作业方式起尘量一般较小，且容易防护。对于通用散货码头，装卸船大都为非连续式作业，如卸船作业首先通过桥式抓斗卸船机将散货由船舱转移至码头前沿堆场，再采用装载机装车汽运至后方堆场存储。该种作业方式由于抓斗落料后有一定的作业落差，会带来较大的粉尘污染。因此，卸船作业产尘也应作为装卸作业产尘重点环节之一。

7. 堆存

现阶段我国干散货码头主要采取露天方式堆存，仅有少部分采用了筒仓、条形仓等全封闭或半封闭式堆存。露天堆场的料堆在风力或其他外力扰动下源源不断地释放大量粉尘。露天堆场的静态扬尘是干散货码头粉尘的主要来源之一，也是港口粉尘控制的重点环节之一。

综上，对散货码头装卸的作业工艺、排放点进行分析，梳理出本书中装卸作业起尘重点环节为：翻车作业、堆取料作业、装卸船作业和堆场堆存。

2.4 本 章 小 结

本章在大型散货码头运输特点和散料特性研究基础上，梳理港口煤炭、矿石装卸作业工艺和流程，识别粉尘控制的重点环节，分析重点环节散货粉尘起尘因子。识别出粉尘控制的重点环节为：翻车作业（专业码头）、堆取料作业、装卸船作业和堆场堆存。

第3章 散货码头粉尘除尘机理及影响因素

3.1 散货码头粉尘除尘机理

3.1.1 粉尘除尘机理类别

粉尘除尘机理一般主要涉及六种力或作用,分别是重力、离心力、惯性碰撞、扩散、静电力、凝聚作用。

(1)重力除尘机理是利用重力作用将尘粒分离出来,如重力沉降器就是应用了重力除尘机理。

(2)离心力除尘机理是指利用气流在涡旋运动中产生的离心力来清除气流中的尘粒,如旋风除尘器即运用了离心力除尘机理进行除尘。

(3)惯性碰撞除尘机理是指当含尘气流接近于滤料纤维时,气流绕过纤维,由于物体和尘粒本身的惯性不同,尘粒偏离气流流线,仍保持原有方向,撞击到纤维上而被捕集下来。一些过滤式除尘器、惯性除尘器、湿式除尘器中应用了惯性碰撞除尘机理。

(4)扩散除尘机理是指尘粒在做布朗运动时与物体相互接触,从而被分离出来的现象。如在湿式除尘器、袋式除尘器中应用了扩散除尘机理。

(5)静电力除尘机理是指通过预先设置的高压电场,使尘粒带电,利用静电力作用将尘粒从气流中分离出来的除尘机理。静电力除尘机理的典型应用是静电除尘器。

(6)凝聚作用不是直接的除尘机理,而是通过蒸汽凝聚、加湿等方法,将细小尘粒聚集变大,然后再采用其他除尘机理将其分离出来,几乎所有的除尘设备中均有涉及。实际应用上除尘通常不是利用单一机理,而是将几种除尘机理综合使用。

不同场合产生的粉尘颗粒特点不尽相同,因此要采用不同的除尘机理将其分离出来。实际应用中经常采用多种除尘机理联合使用的方式,才能达到更好的除尘效果。除尘机理示意图如图3.1所示。

3.1.2 湿式除尘机理

目前湿式除尘是我国散货码头码头最常用的除尘方式。通过洒水(或喷雾)

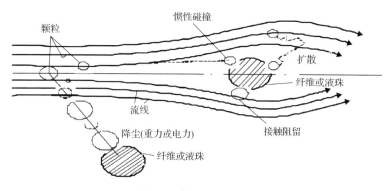

图 3.1　除尘机理示意图

来减少空气中的粉尘,抑制粉尘的扩散。这种除尘技术由于实现简单、成本低、效果明显而被广泛应用。例如矿石、砂石、煤矿的散货堆场、翻车机、堆料机等节点,采矿作业等场合都会用到洒水除尘技术。湿式除尘由于其耗水量较大,如何做到保证除尘效果的前提下,消耗更少的水资源和电能,达到最好的除尘效果,是其研究的重点。一方面在常规洒水除尘基础上发展了干雾除尘、高压微雾除尘等技术;另一方面发展洒水智能控制技术,根据物料含水率、经验或模型算法、粉尘浓度等参数精确所需洒水量、洒水时间和位置,实现洒水智能判定和控制。

　　湿式除尘主要应用了惯性碰撞、拦截捕尘、静电捕尘、布朗扩散、重力效应、涡流凝结的除尘机理(图 3.2)。

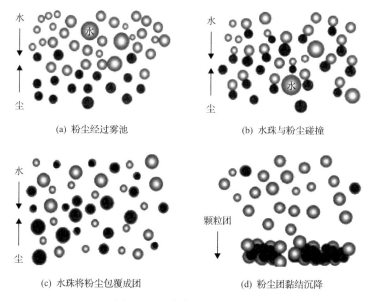

(a) 粉尘经过雾池　　　　　　　　　　(b) 水珠与粉尘碰撞

(c) 水珠将粉尘包覆成团　　　　　　　(d) 粉尘团黏结沉降

图 3.2　湿式除尘过程示意图

1. 惯性碰撞

大颗粒粉尘在空气中处于运动状态时，由于惯性作用的影响，无法绕过运动轨迹上的液滴而被捕捉，称为液滴的惯性碰撞捕尘作用。液滴惯性碰撞捕集粉尘微粒的能力取决于气流的速度，粉尘移动路线以及液滴自身的捕集能力。液滴惯性碰撞捕集尘粒的效率如式（3.1）所示。液滴的捕尘效率是斯托克斯数 St 和雷诺数 Re 的函数，对于势流和 $St > 0.2$ 的流动，捕尘效率为

$$h_{\text{P}} = \left(\frac{St}{St + 0.7} \right)^2 \tag{3.1}$$

式中

h_{P}——液滴惯性碰撞捕尘效率；

St——斯托克斯数，其计算公式为

$$St = \frac{C d_{\text{P}}{}^2 r_{\text{P}} n_0}{9 m D} \tag{3.2}$$

其中

C——Cunningham 修正系数；

d_{P}——粉尘微粒直径，m；

r_{P}——尘粒密度，kg/m^3；

n_0——粉尘微粒与液滴的相对速度，m/s；

D——液滴直径；

m——气体动力黏度，Pa·s，标准状态下该参数为 $1.8 \times 10^{-5} Pa·s$。

2. 拦截捕尘

当粉尘微粒在风流作用下运动且快要接近液滴时，就会开始进行绕流运动。如果粉尘颗粒质量与体积较大，就会由于惯性作用的影响脱离流线轨迹与雾滴碰撞发生捕集。如果粉尘质量小于一定的临界值，就会随风流运动，当粉尘微粒的质心与液滴边缘的距离小于粉尘微粒直径的一半时，液滴就会将运动中的粉尘拦截并附着，这种作用称为拦截捕尘作用。但在研究这种作用时，要建立理想模型，忽略粉尘的质量不计，常用无量纲截留参数来表示拦截作用：

$$K_{\text{R}} = \frac{d_{\text{P}}}{D} \tag{3.3}$$

粉尘微粒越小，捕尘效率越高，液滴拦截碰撞效率为

$$h_R = \left(1 + K_R\right)^2 - \frac{1}{1 + K_R} \tag{3.4}$$

对于黏性流，有

$$h_R = \left(1 + K_R\right)^2 - \frac{3}{2}\left(1 + K_R\right) + \frac{1}{2\left(1 + K_R\right)} \tag{3.5}$$

3. 静电捕尘

在雾化过程中，雾滴与尘粒都有可能带电，原因是静电感应或者人工外加电场。若雾滴与尘粒的电性相反，就会相互吸引从而发生静电捕尘。如果仅有雾滴带电，雾场会给尘粒附加感应镜像电荷，电性与雾滴所带电荷相反，从而使雾滴与尘粒相互吸引。

4. 布朗扩散

当粉尘微粒的粒径极小时，就会受到布朗运动的影响而被液滴捕集，且风流速度越低，尘粒颗粒越小，布朗扩散捕集能力越强。当粉尘颗粒小于液滴颗粒时，就不会发生拦截捕集，更多的是布朗扩散捕集的影响。

1976 年，Crawford 导出的扩散沉降效率公式为

$$h_D = 4.18 \times Re^{\frac{1}{6}} \times Pe^{-\frac{2}{3}} \tag{3.6}$$

式中

Pe——佩克莱数，粉尘液滴对流速率与扩散速率的比值；

Re——液滴雷诺数。

5. 重力效应

当颗粒的质量达到一定程度时，颗粒的运动方向受重力的影响较大，一部分颗粒会由于重力的原因被捕集。捕尘效率用沉降参数 K_G 表示，即

$$h_G = K_G = \frac{m_{Pt}}{m_0} = \frac{C d_p^2 g}{18 m_g m_0} \tag{3.7}$$

式中

m_{Pt}——粉尘颗粒的沉降速度，m/s；

C——修正系数；

m_g——空气动力黏度，Pa·s；

m_0——液滴与粉尘相对运动速度，m/s。

通过对上述方程的分析可以得出结论：颗粒的密度与粒径和捕尘效率成正比，气流的速度与捕尘效率成反比。

6. 涡流凝结

喷雾压力达到一定程度之后，产生的喷雾与风场会产生涡流，会增加粉尘运动的波动速度和幅度，增加了粉尘与喷雾碰撞的概率，提高了捕尘效率。

7. 总捕尘效率

在工程实际中，上面介绍的几种机理不是独立发生作用的，往往是同时发生共同作用的结果，但是它们的捕尘效率又不是简单的代数和关系，需要通过复杂的计算过程来实现，如果各个机理的产生彼此之间不产生影响，可以通过下式来计算捕尘效率：

$$h_i = \left[1 - \left(1 - h_P\right)\left(1 - h_R\right)\left(1 - h_D\right)\left(1 - h_G\right) \right] \times 100\% \tag{3.8}$$

$$h = \left[1 - \sum_{i=1}^{n} \left(1 - h_i\right) \right] \times 100\% \tag{3.9}$$

式中

h——总捕尘效率，%；

h_i——单个液滴捕尘效率，%；

n——液滴数量。

3.2　散货码头常见湿式除尘技术

湿式除尘是通过对扬尘点喷洒水雾增加粉尘湿度的方式，使粉尘沉降且不再扬起。对于开放空间、无组织排放的扬尘，喷淋（加湿）方式对粉尘抑制效果较强。对于密闭或半密闭空间，雾除尘是更为高效的一种除尘方式。相比较普通的喷淋除尘，雾除尘的主要区别就是液滴的粒径大小。研究发现，如果雾滴颗粒和粉尘颗粒大小接近，粉尘颗粒随气流运动时与雾滴颗粒碰撞、接触而黏结在一起。因此，雾滴颗粒越小，聚结的可能性越大，随着聚结的粉尘团变大加重，从而很容易沉降下来。在港口应用较多的雾除尘方式主要包括干雾除尘和高压微雾除尘。

3.2.1 干雾除尘技术

所谓"干雾"，是指采用某种技术把水雾化成超细雾滴，其粒径范围一般在 10μm 以下。由于喷出的水雾雾量大，雾滴小，看上去像"烟"，因此被形象地称为"干雾"。干雾抑尘系统的主要构件一般包括干雾抑尘机、干雾控制器、空气压缩机、储气罐、喷雾装置、水气连接管线、自动反清洗过滤器、电伴热系统和自动控制系统等。干雾抑尘系统将压缩空气和水按照水气配比混合到水气雾化喷头，由压缩空气冲开水气雾化喷头的弹簧后进行加速，将水吸入水气雾化喷头的加速震荡室进行破碎，当气液两相流从环形喷嘴口喷出时，由于气体速度很高，而液体的流速较小，在相对速度的作用下，产生很大的摩擦力，气流对液体产生强烈的撕裂与剪切作用，液料从而被一次雾化。在气水混合室出口处空气速度迅速增加，混合的两相流体喷出后，冲击到共振室，共振室能将气流反射产生强振波，细水颗粒在强烈的振荡波的作用下形成二次撞击雾化，雾滴粒径可达到 10μm 以下。干雾抑尘技术工作机理和抑尘过程如图 3.3 所示。

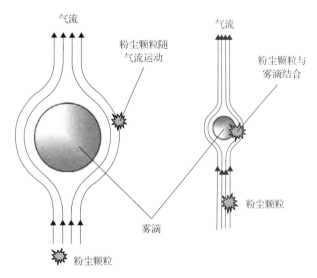

图 3.3 干雾抑尘过程示意图

干雾抑尘机理主要包括空气动力学原理、"云"物理学原理和斯蒂芬流的输送机理。

空气动力学原理：根据空气动力学原理，含尘气流绕过雾滴时，尘粒由于惯性会从绕流的气流中偏离而与雾滴相撞被捕捉，即通过粉尘粒子与液滴的惯性碰撞、拦截以及凝聚、扩散等作用实现捕捉，其被捕捉的概率与雾滴直径、粉尘受力情况有关。水雾颗粒的粒径越小，粒子之间的黏力就会越大。当水雾粒径达到干雾级时（即小于 10μm），在微细粉尘颗粒-微细干雾颗粒二相流中，粒子与粒子之间很容易结合在一起，从而使整个粒子不停地变大，最终沉降下来，达到去除粉尘粒子的目的。

"云"物理学原理：由于雾滴微细，部分雾滴会在空气中迅速蒸发，使得局部密闭的捕尘空间中空气的相对湿度很快达到饱和，饱和后的水蒸气以尘粒为核凝聚形成"云"，并进一步增大成为"雨"落下来。这种机理对抑制亚微米及微米级的粉尘特别有效。当微米级干雾抑尘装置工作时，瞬间会在相对密闭的区域产生大量微细干雾，使得该区域的空气湿度迅速饱和，饱和后的水蒸气与粉尘充分地接触、凝结、沉降，达到抑尘的目的。

斯蒂芬流的输送机理：在喷雾区内，液滴迅速蒸发时，必然会在液滴附近区域内产生蒸汽组分的浓度梯度，形成由液滴向外流动扩散的斯蒂芬流；同样，当蒸汽在某一核上凝结时，也会造成核周围蒸汽浓度不断降低，形成由周围向凝结核运动的斯蒂芬流。因此，悬浮于喷雾区中的"呼吸性粉尘"颗粒，必然会在斯蒂芬流的输送作用下运动，最后接触并黏附在凝结液滴上被湿润捕集。这也就是说当某一区域的粉尘被干雾捕集沉降后，其他高浓度区域的粉尘会在斯蒂芬流的输送作用下运动过来，进而持续地与干雾接触、碰撞，直至完成整个捕集的过程。

3.2.2 高压微雾除尘技术

高压微雾抑尘装置是由精细雾化喷嘴在高压作用下将水高度雾化，从而形成成千上万个粒径为 1~50μm 的水雾颗粒。高压喷嘴的水流通过喷头将水雾颗粒以雾状方式喷射到粉尘发生点，粉尘聚结而坠落，达到抑尘目的。高压微雾除尘技术与干雾除尘技术的主要区别为高压微雾不需要设置气路，系统中也不需要设置空气压缩机、储气罐、水气连接管线，其雾化颗粒从喷嘴中喷射出带有一定的初始速度。

高压微雾抑尘系统包括高压微雾抑尘主机、喷雾组件、高压水泵、水箱、分级过滤器、供水管路和阀件等。高压微雾抑尘运用了固态粉尘和液态雾粒相互结合的原理。惯性凝结、静电凝结和涡流凝结是高压微雾降尘的主要体现，有时还会运用引射风流等。降尘通常应用到惯性、重力、截留、静电、扩散沉降的理论。急速的水流从喷嘴喷出，它在较短的长度上会变成小颗粒水滴，在小颗粒水滴产生后形成一股气流。与低压喷雾相比较并没有很大的衰弱区域，它还有剧烈的涡流运动。以下特点就是提高降尘功效的原因：小颗粒水滴直径小，雾流长度在整体上平均分布，运动速度快，小颗粒水滴有很大的荷电量。在内力和外力的共同作用产生的效果是液体的破裂过程，被称为雾化。外表面的张力会使小颗粒水滴形成球状，高速的径向速度分量会作用在液体表面，气流导致其破裂。它是由于外力大于表面张力才产生的破裂，只有破裂的存在才会有很多的小颗粒水滴。虽然喷嘴形状不一，但雾化原理和物理过程是一样的。先将液体以一种很薄或是很细的体态射出，然后通过使其变得不稳定，将薄膜或射流击碎成很多微小的颗粒。射流破碎、薄膜破碎和二次雾化是液体破裂物理过程的三种基本形式。

（1）射流破碎：液体射流是喷嘴喷出来的实心柱状的液体。喷嘴喷射出的圆射流是连续液体时，它会被外面的气流干扰，振动波会在它的表面变成多种形式。振动波的振幅慢慢扩展，液体就会碎裂成大量的液片和大粒径的液滴。

（2）薄膜破碎：由孔式喷嘴喷出来的截面是圆形的柱状射流，但扇形喷嘴、转盘喷嘴、平流喷嘴等是液膜射流。液膜射流从喷嘴喷射出后，它的波动形式会受到液体流动特性、液体物理性质和流动条件的约束。被外界气流干扰后会在液膜射流的表面有振动波，幅度会越来越大，然后在液膜射流的顶部破裂呈线状、带状或是环状的液体。这是液膜射流的初级雾化过程。

（3）二次雾化：喷射出来的连续液体在初级碎裂时产生的是大液滴，此时它们是不稳定的，会进行再次碎裂，很多小颗粒液滴由此产生。可见雾化后产生的液滴大小不但和第一次雾化产生的液滴有关，再次雾化碎裂也起到关键作用。

3.2.3　加湿（喷淋）除尘技术

在散货码头湿式除尘方法中，除了针对封闭半封闭空间的干雾除尘和高压微雾除尘技术外，常见的主要为喷淋除尘，这类除尘方式的系统主要由常用喷嘴组件、中压管道、加压泵、控制系统组成。港口常见的湿式除尘系统如喷枪站系统、大机悬臂喷淋、大机单机喷淋、卸车机加湿、翻车机房底仓加湿等都属于这种。根据现场调研，这种加湿除尘方式对管道压力及喷嘴选型适用性较广，可根据不同场合的需求选择不同的加压泵、管道及喷嘴，因此广泛适用于港口所有需要湿式除尘的节点。

根据干散货码头实际工艺及湿式除尘的特点，本书选定在封闭、半封闭空间进行雾除尘（干雾或微雾除尘），在开敞式场合或者需要整体提升煤炭含水率场合采用洒水除尘，并加入智能控制技术，实现科学精准控尘的目的。

3.3　散货码头雾除尘效率影响因素

根据上述对各种降尘机理的分析，雾除尘降尘过程可以看作是无数雾粒与粉尘颗粒在空间中利用某种物理原理或运动相互作用的结果。惯性碰撞捕集依托自身的惯性作用，其效率取决于雾粒运动的速度大小、粉尘的运动情况和两者之间的依附能力；重力捕集是因重力作用而被捕集沉降，其效率取决于粉尘颗粒的大小、密度和雾场的流速；布朗扩散捕集，其效率取决于微小尘粒的粒径大小；静电效应捕集，其效率取决于电荷中库仑力的大小。所以分析喷雾降尘效率的关键因素源自机理的分析。

3.3.1　喷雾压力对降尘效率的影响

喷雾压力表示在整个喷雾系统中液压泵运行时，经高压管道，流过喷嘴处水的压力。高压喷雾流经喷嘴，其喷出雾粒的分布如图 3.4 所示。

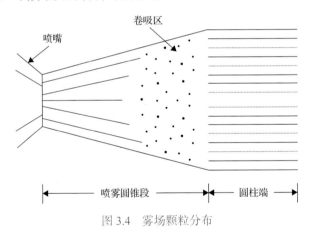

图 3.4　雾场颗粒分布

在离喷嘴很近的区域，雾粒高速运动。在喷嘴圆锥段末尾，由于雾流速度大，空气压力变小，会卷吸周围空气，加大雾流与边界的压力值，进而产生了强烈的卷吸效应。在完整的射流进程中，雾流的运动速度大于沉降速度，因此不会出现明显的衰减沉降区。

随着喷雾压力的增加，雾粒的运动初速度和雾粒的密度都会增加，拦截捕集尘粒的相互碰撞也会随之加强，这是有利于降尘效率的。当喷雾的压力不断变大时，喷雾的圆锥段长度变短。原因在于喷雾压力的变大使得水溶液更快地破碎成为雾粒。而圆柱段长度的变长，是因为压力增加的同时雾流的速度和动能在增大，喷射的距离在增大。但是喷雾的压力并非越高越好，压力过高时不仅雾粒的大小变化很小，还会造成管路破损，使用寿命减少，成本增加。因此要选取合适的喷雾压力，才能够提高降尘效率。

3.3.2　雾滴粒径、浓度对降尘效率的影响

雾滴粒径是影响喷雾除尘雾场捕尘效率的一个重要因素。通常来说，降尘效率会随着雾滴粒径的减小而增大。因为气流经过雾滴时，如果雾滴粒径较大则会形成较大的绕流半径，粉尘会随气流运动而绕过雾滴，不被雾滴捕获；如果雾滴粒径较小，则绕流半径较小，粉尘颗粒将保持本身的运动方向继续向前运动，最终与雾滴发生碰撞而被捕获。另外，根据凝聚效应，若雾滴粒径较小，其蒸发速度相对较快，因此能够让空气湿度快速达到过饱和，过饱和的水蒸气会以粉尘为凝结核析出，从而增加粉尘质量使其从空气中沉降下来。此外，在同等喷水量情况下，雾滴粒径越小，单位空间的雾滴数量越多，雾滴之间的间隙随之变小，当粉尘在穿越雾幕时，被雾滴捕捉到的概率将大幅度提高。

然而，并非雾滴越小抑尘效率越高。当雾滴粒径小到一定程度时，会影响其捕尘的能力，进而降低捕尘效率。分析其原因，液滴捕尘的方式主要为以高速运动为方式的主动捕尘，而不是尘粒主动运动的方式，且液滴与尘粒之间还存在静电、涡流等力的作用而发生碰撞。因此对液滴而言，在同比例的气液混合体中，粒径越小，密度就越大，捕尘效率就会越高。但是，降尘效率是雾场将尘粒从空气中分离的效率，并不完全由捕尘效率决定。粒径过大或过小，都会降低捕尘效率，进而降低降尘率。另外，当雾滴浓度过小时，或是处于温度较高的状态之下，捕集到的尘雾结合体状态不稳定，雾场中捕集到的粉尘极有可能脱离液滴返回空气之中，因此，雾滴浓度也是影响雾场降尘率的重要因素之一。

综上所述，液滴的捕尘效率与其粒径、速度、浓度均有关系，且粒径越小，速度越大，浓度越大，捕尘效率越高。当液滴的粒径小于一定值后，过小的雾滴与尘粒接触后，在空气中由于水分的蒸发、气化作用而又重新飞扬，降尘效果变差。所以必须考虑雾滴在空气中的存活时间。

存活时间 t_0 的计算公式如下：

$$t_0 = \frac{D_w}{8K_0(P_0 - P)} \tag{3.10}$$

式中

t_0——雾滴存活时间，s；

D_w——雾滴直径，μm；

K_0——比例系数，一般取 0.1～0.2；

P_0——雾滴的蒸汽压力，mmHg；

P——湿空气的压力，mmHg。

在相对湿度为 80%、温度为 20℃时，粒径为 30μm 的雾滴只能存活 7s。当空气相对湿度更小，雾滴粒径 $D_w < 30\mu m$ 的情况下，雾滴的存活时间更短。所以雾滴粒径过小时对降尘效果也是不利的。因此，既要尽可能降低液滴的粒径，又要避免液滴蒸发过快的负面效果。综合考虑最合适的组合，一些学者建议喷雾降尘时雾滴粒径控制在 40～60μm。

3.3.3 雾滴荷电性对降尘效率的影响

气溶胶粒子不存在扩散双电层，但可以携带电荷，其来自粒子与空气中漂浮的离子之间的碰撞或与介质之间的摩擦带电。所携带电荷的多少与环境有关，也与时间有关，所以电荷量的多少不同，且携带电荷的正负不同。

空气中的粉尘颗粒由于相互碰撞带有正电荷，雾粒的电荷可以通过喷嘴的设计携带负电荷。带有正电荷的尘粒与带有负电荷的雾粒在电荷力的作用下发生碰撞、吸引，从而达到降尘的目的。随着两种带有异性电荷的不断结合，通过静电凝结机理来降尘的效果会越来越显著。

3.3.4 水的特性对降尘效率的影响

水的特性要考虑的因素包括其表面张力和酸碱性。这两个因素都是影响降尘效率的关键因素。粉尘具有一定的疏水性，而由于液滴表面张力的存在影响液滴与粉尘颗粒的结合。微细颗粒的动能不能破坏液滴的表面张力，导致雾化之后的微细颗粒不能产生有效的降尘效果。为了改善水的疏水性，使得表面张力减小，往往在水溶液中添加少量湿润剂(湿润剂是由亲水基和憎水基两种不同性质组成的化合物)，改变喷雾介质的物理化学性质，提高湿润能力，降低水的表面张力。研究和试验证明：在喷雾溶液中添加湿润剂，能够显著改善水的湿润性，粉尘颗粒更容易穿透雾滴表面的液膜而发生凝聚并得到很好的降尘效果。

此外，溶液的酸碱性对喷雾系统有重要的作用。水的酸性或碱性超过一定标准都会加重喷雾系统中金属件的腐蚀，导致管路及其喷嘴的使用寿命变短。而且可能产生污染物来堵塞喷嘴，不能喷出有效降尘的雾粒。因此保持水溶液的 pH 对整套喷雾设备的正常运行起到关键作用。

3.3.5　环境条件对降尘效率的影响

环境湿度对抑尘效率起到积极的影响。当环境湿度较高时，喷雾系统能够很快使环境空气达到饱和湿度，增强凝聚效应，提升抑尘效率。同时，当环境湿度较大时，物料能够主动吸收空气中的水分，减少扬尘的产生，对整体粉尘控制产生积极的作用。

环境温度对抑尘效率的影响较为复杂。一方面，根据扩散效应，环境温度越高，粉尘的布朗运动越激烈，粉尘与雾滴发生碰撞的概率也大大增加，从而提高抑尘效率。另一方面，温度较高时雾滴蒸发速度加快，空气形成较强的热对流；在热对流形成的气流携带下，粉尘的扩散速度加快，反而不利于粉尘的沉降，降低抑尘效率。

环境风速较高时，会将雾幕或雾池的水雾吹散，不利于形成有效的抑尘区，会降低抑尘效率。

3.3.6　其他因素对降尘效率的影响

除了上述因素外，还包括雾作用范围、雾化效果、喷雾设备安装位置、空气参与雾化作用的量、通风措施、粉尘浓度、设施现场管理情况等，均对喷雾抑尘效率均有一定的影响。

3.4　散货码头加湿除尘效率影响因素

本书根据干散货码头实际工艺及各种湿式除尘的特点，选定在封闭半封闭空间进行喷雾除尘(干雾或微雾除尘)，在开敞式场合或者需要整体提升煤炭含水率场合采用洒水除尘，并加入智能控制技术，实现科学精准控尘的目的。根据现场实际调研，港口雾除尘使用场合较少，且目前在港口的应用技术已经成熟，对雾滴粒径、压力选择、使用点位布置等均已经验丰富。但港口除尘的难点主要为针对无组织排放即露天堆场的粉尘控制，当采用湿式除尘方式时，喷淋时机、喷淋强度及喷淋位置的选择存在很多不确定性，靠现场操作工人的主观判断导致水电浪费且总体粉尘控制效率较低。因此，本书将对针对散货码头无组织排放控制的加湿除尘的除尘效率影响因素开展进一步深入研究。

本书在以往开展的相关数值模拟、风洞试验及相关研究的基础上，初步梳理出对煤炭矿石码头装卸起尘核心控制因素主要为物料因素、工艺过程因素和气象因素。其中物料因素主要为物料的种类和含水率。工艺过程因素主要包括静态堆存和动态装卸作业。其中静态堆存主要影响因子受风速、堆存物料的货种粒径分布属性、含水率影响。动态装卸作业与静态堆存的起尘机理不同，煤粉的起尘量与单位时间内暴露于空气中的颗粒物表面面积、作业落差(颗粒物在空中维持的时间)相关。气象因素中风速是决定性的关键控制因子。其他气象因素，如温度、湿度、降水量等主要影响煤炭水分挥发速率，进而对煤炭含水率产生影响。因含水率已经作为关键控制因子，本书中其他气象因子不作为关键控制因子。

3.5　本　章　小　结

本章介绍了散货码头粉尘除尘的机理，以及粉尘静态、动态起尘量风洞模拟试验，建立了煤炭、矿石堆存及典型作业环节含水率、风速与起尘量模型关系，为后续粉尘控制系统研发抑尘控制奠定基础。

第4章 散货码头粉尘起尘规律模拟

本章通过风洞试验方法开展粒径、含水率、风速、作业方式对除尘效率的影响研究，获得散货码头装卸作业起尘规律，为后续重点环节精准抑尘控制系统研发奠定基础。

4.1 煤炭起尘风洞试验基本理论

4.1.1 近地面大气边界层风洞模拟试验理论和技术

在颗粒状煤炭的堆存、装卸生产作业中，颗粒的扬起和扩散是必然发生的过程。在一定风速的作用下，静止堆存和动态装卸过程产生的扬尘会影响作业区周围大气的环境质量，严重情形下可能影响周边生活区的大气质量。利用风洞试验，研究煤炭静置和装卸作业过程中的起尘规律，对煤炭堆场起尘量进行预测，是本节试验的主要任务。港口煤炭堆存高度在数米到十数米范围，这个高度范围属于典型的近地面大气边界层范围。因此在进行相应的风洞模拟试验时，模拟的流动属于近地面大气边界层流动。

1. 风洞模拟试验的基本假设

风洞模拟试验的理论基础是量纲分析与相似理论，其基本假设有两个：物理过程的本质与所选取的测量单位无关，两现象相似的充分必要条件是它们满足同一个微分方程及其初边条件。

下面的讨论即以这两个基本假设为前提。量纲分析与相似理论的知识参考了《力学中的相似方法与量纲理论》。从流体力学方程出发经分析可得到风洞模拟试验所需要满足的一些相似条件，然后再根据大气边界层的特征可以给出其他相似条件。

如下定义笛卡儿坐标系：x 轴正方向向东，指标 $i=1$；y 轴正方向向北，指标 $i=2$；z 轴正方向垂直向上，指标 $i=3$；坐标原点在地表。在这样定义的坐标系中，大气边界层流动的基本方程组可如下表示：

连续方程：

$$\frac{\partial \rho}{\partial t} + \left(\rho u_i\right)_{,t} = 0 \tag{4.1}$$

动量方程：

$$\frac{\partial u_i}{\partial t} + u_j u_{i,j} + 2\varepsilon_{ijk}\omega_j u_k = -\frac{\delta p_{,i}}{\rho_0} - \frac{\Delta T}{T_0} g\delta_{i,3} + \nu u_{i,jj} \tag{4.2}$$

能量方程：

$$\frac{\partial \Delta T}{\partial t} + u_j \Delta T_{,j} = K\frac{\Delta T_{,kk}}{\rho_0 C_p} + \overline{\left(-\theta' u_j'\right)}_{,j} + \frac{\Phi}{\rho_0 C_p} \tag{4.3}$$

式中用到约定求和法则，Kronecher 符号 δ_{ij} 以及置换张量 ε_{ijk}，式(4.2)用到了 Boussinesq 近似(空气密度与质量力相比其变化可忽略，理想气体，要求 p、ρ 和 T 只在由静水压力决定的 p_0、ρ_0 和 T_0 附近轻微变化。

式(4.1)～式(4.3)中

u_i——速度张量；

u_j'——脉动速度张量；

$u_{i,j}$——u_i 在 j 方向上的导数；

$u_{i,jj}$——u_i 在 j 方向上的二阶导数；

ρ——空气密度；

ρ_0——中性层结大气空气密度；

ω_j——科氏力系数；

g——重力加速度；

ν——动力学黏性系数；

T——大气温度；

T_0——中性层结大气温度；

ΔT——空气温度与中性大气层结温度的差；

K——空气的传热系数；

C_p——空气的定压比热容；

θ'——脉动温度；

Φ——耗散函数。

由上述大气边界层流动的基本方程组出发，对其中物理量的无量纲作如下处理：

$$x_i^* = \frac{x_i}{L}, \quad t^* = \frac{tU}{L}, \quad u_i^* = \frac{u_i}{U}, \quad T^* = \frac{T}{T_0}, \quad \delta p^* = \frac{\delta p}{\rho_0 U^2}$$

$$\rho^* = \frac{\rho}{\rho_0}, \quad \omega_j^* = \frac{\omega_j}{\Omega}, \quad u_i^* = \frac{u_i'}{U}, \quad \Delta T^* = \frac{\Delta T}{T_0}, \quad \theta^* = \frac{\theta'}{T_0}$$

其中，Ω 为角速度；L 为特征长度；U 为特征速度；T_0 为特征温度，代入前述公式[式(4.1)～式(4.3)]进行推导，得无量纲形式的方程如下所示：

连续方程：

$$\frac{\partial \rho^*}{\partial t^*} + \left(\rho^* u_i^* \right)_{,i} = 0 \tag{4.4}$$

动量方程：

$$\frac{\partial u_i^*}{\partial t^*} + u_j^* u_{i,j}^* + \frac{2\varepsilon_{ijk}\omega_j^* u_k^*}{Ro} = -\delta p_{,i}^* - Ri\Delta T^* \delta_{i,3} + \frac{u_{i,jj}^*}{Re} \tag{4.5}$$

能量方程：

$$\frac{\partial T^*}{\partial t^*} + u_j^* T_{,j}^* = \frac{T_{,kk}^*}{Pr \cdot Re} + \overline{\left(-\theta' u_j'^* \right)_{,j}} + \Phi^* Re \cdot Ec \tag{4.6}$$

其中

$$Re = \frac{UL}{v}, \quad Ri = \frac{\Delta T}{T_0} \cdot \frac{Lg}{U^2}, \quad Ro = \frac{U}{L\Omega}, \quad Pr = \frac{\rho_0 C_p v}{K}, \quad Ec = \frac{U^2}{C_p T_0}$$

这 5 个无量纲参数原则上是模拟应当考虑的参量。不同的无量纲化方法会得到不同的相似准则。

2. 风洞模拟试验的相似条件及其对应的边条件

模型流动和原型流动的无量纲运动方程在形式上相同，若再能保证上述 5 个无量纲参数和方程对应的边条件相似(下边界条件即地面起伏状况、温度分布，上边界条件即自由流速、边界层顶温度分布等，对应模拟区域的水平压力梯度等)，则模型流动和原型流动从原则上就满足了严格的相似性。但这样的要求只有在几何缩比为 1 的量级时才能达到，模拟也就失去了其意义。实际上具体做模拟试验时无需模拟所有的相似条件，只需根据具体情况满足其主要的控制条件即可，许多相似条件经分析后可以放宽。下面逐一分析这 5 个相似条件及其所对应的边条件。

1) 雷诺数 Re

$Re = \dfrac{UL}{\nu}$，可改写为 $Re = \dfrac{U^2}{L} : \dfrac{\nu U}{L^2}$，代表惯性力与黏性力之比。早期湍流的研究正是从 Re 开始的。风洞中流动所能达到的 Re 远远低于实际大气的 Re，一般来说，环境风洞模型流动的 Re 只要大于某临界值 Re_c 即可。当 Re 足够大时，边界层湍流结构已经充分发展，阻力系数与 Re 无关，湍流结构的相似性得到满足，达到所谓 Re 自模拟。因此，足够大的 Re 数可作为 Re 相似的准则，当模拟的 Re 大于临界雷诺数 Re_c 时，称模拟的湍流流动进入 Re 无关状态。边界层风洞模拟时这项相似准则很容易达到。

2) 理查森数 Ri

$Ri = \dfrac{\Delta T}{T_0} \cdot \dfrac{Lg}{U^2}$，代表低层大气热力学稳定度。因弗劳德数 $Fr = \dfrac{U}{\sqrt{\dfrac{gL\Delta T}{T_0}}}$，故有 $Ri = Fr^{-2}$。在大气近地面层的 Ri 一般为 $-1 \sim 1$，设 $L=10$cm，$U=1.0$m/s，$T_0=300$K，则 $\Delta T=300$K。因为实现上的困难，Ri 的模拟仅限于大的 ΔT、小的来流速度 U 情况。由于维持温度层结的费用很高，一般的工程应用不对此做风洞模拟，中性层结试验则不考虑此项。

3) 普朗特数 Pr

$Pr = \dfrac{\rho_0 C_p \nu}{K}$，代表动量传输与热传输之比。风洞模拟中使用的介质就是大气，与原型相同，此项相似条件自动满足。

4) 罗斯贝数 Ro

$Ro = \dfrac{U}{L\Omega}$，代表惯性力与科氏力之比。对小尺度地形和建筑物的扰动流场，科氏力的作用可以忽略。一般认为，当扩散区域超出 5km 以后，科氏力的影响才变得重要起来。这一结论限定了风洞模拟区域的几何上限。若有必要模拟超出 5km 范围的区域，可采用风洞侧壁打孔注气或吸气的办法，以形成要求的横向流动，或者用一大的旋转箱来模拟，一般的环境风洞考虑到这样做的费用及操作的复杂性而放弃了对 Ro 的模拟。对于复杂地形，由于支配流动的主要因素是地形，5km 的模拟限制还可放宽。

5) 埃克特数 Ec

$Ec = \dfrac{U^2}{C_p T_0}$ ，代表动能与内能之比。在空气中，$Ec = \dfrac{0.4 Ma^2 T_0}{\Delta T}$ ，其中 Ma 为马赫数。实际大气中 $Ec \leqslant 1.0$，在大气边界层流动中，该项对气流的动力学特性不会有很大影响，故模拟时一般可忽略。

3. 边界层下部固壁边条件相似性要求

(1) 模型远上游的地面起伏与粗糙度情况不必完全严格相似。因为充分发展的湍流有很强的"忘性"，其边界条件状况对流场的扰动在经过较长距离的充分发展湍流的运动后，所生成涡运动一部分因湍涡的串级输送而失去边界条件的"烙印"，一部分因压力的平均作用而被均匀，故可用一般的粗糙元造成对平均流动同样的动量损失。

(2) 模型附近及下游则要求如下。

① 粗糙度几何相似，$(z_0/L)_m = (z_0/L)_p$，其中 z_0 为地表粗糙度，L 为特征长度，下标 m 表示模型参量，p 表示原型参量。

② 粗糙度雷诺数 $Re^* > 2.5$，该条件保证壁面附近的流动为空气动力学粗糙，因为只有在空气动力学粗糙的前提下，近地面流动才满足相似性。在该要求与粗糙度几何相似要求有矛盾时，以满足空气动力学粗糙为先。

③ 地形起伏满足几何相似。

④ 地表温度要求在中性层结条件下不予考虑。

(3) 中性大气边界层的近似模拟。

通过放宽相似要求，对相互有矛盾的相似要求进行必要的取舍而进行的风洞模拟是一种近似模拟。综合上述讨论，这里给出近似中性边界层大气模拟的相似性要求：

① $Re > 10^4 \sim 10^6$。

② $Re^* > 2.5$，在此前提下，再尽可能满足粗糙度几何相似。

③ 关心区域地形起伏和地物的几何相似。

④ 风洞轴向压力梯度 $-\mathrm{d}p/\mathrm{d}x = 0$。

对近似模拟出的边界层需要与实际大气边界层进行对比检验，检验内容通常包括在上游来流和模拟关心区域的：平均风廓线相似、湍流度廓线相似和湍流谱相似。

这里平均风廓线采用两种形式，即常用的对数律和指数律形式。

① 对数律。

对数律公式如下：

$$\frac{u}{u_f} = \frac{1}{\kappa} \ln \frac{z}{z_0} \tag{4.7}$$

② 指数律。

指数律公式如下：

$$\frac{u}{u_1} = \left(\frac{z}{z_1}\right)^n \tag{4.8}$$

式(4.11)和式(4.12)中

　　u——来流平均风速；

　　u_f——摩擦速度；

　　z——从地面算起的相对高度；

　　z_0——粗糙度；

　　u_1——高度 z_1 的对应风速；

　　κ——von Karman 常数。

对湍流谱的模拟即要求模型与原型的湍流谱谱形相似。据湍流统计理论，对湍流脉动量进行处理可得两种涡尺度，即表征大尺度湍涡的湍流积分尺度 I 和表征小尺度涡的湍流微尺度 η（或称为湍流耗散尺度、Kolmogorov 微尺度）。理想的模拟是模型和原型流动中的这两个尺度的缩比应当与几何缩比相同，且谱区间谱形完全得到模拟，但在雷诺数未精确模拟的情况下，这一点得不到满足。由于放宽了雷诺数严格相等的要求，黏性耗散的模拟有所失真，相应的湍流微尺度的模拟也不满足几何相似，不过，足够大的雷诺数下可以做到对较大尺度的湍流含能涡区和惯性区的谱形与现场相似。

4.1.2　近地面大气边界层中颗粒物的迁移机理及模拟理论

1. 颗粒物迁移作用力

尽管从 20 世纪 40 年代英国物理学家 Bagnold 就创立了风沙物理学，对颗粒物在近地面大气流动中的迁移运动进行了论述，经过几十年众多科学工作者的艰苦努力，也取得了一定的进展，但对颗粒物在气流中运动的比较细致的过程仍缺乏全面和精确的了解。

1) 颗粒物的迁移阶段

颗粒物从地表静止状态到进入大气飞行，再在重力和其他力的作用下沉降到地面静止，可以人为地分作三个阶段：起动阶段、飞行阶段、沉降阶段。事实上，这三个阶段从时间上和空间上都不能够非常明确地区分，单个颗粒物可能在起动之后马上又恢复静止，空中飞行的颗粒物也会处于不断沉降的运动状态，沉降中的颗粒物也可能受到湍流猝发的影响继续飞行。这样区分是考虑到颗粒物受力的特点有所区别。

(1) 起动阶段。

颗粒物同时受到重力 G、气流作用力 F、地表支撑力 N、其他力 X(如静电场力、表面吸附力等)的作用。重力 G 是颗粒物自身的特性，不随颗粒物的运动状态和空间位置发生变化；气流作用力 F 是颗粒物所在空间的气流运动状态的函数(假设颗粒物还没有相对地表的位移和速度，或者位移非常小)；地表支撑力 N 是颗粒物空间状态的函数，它随着颗粒物与地表的接触程度而发生变化。

(2) 飞行阶段。

颗粒物同时受到重力 G、气流作用力 F、其他力 X(如静电场力、表面吸附力等)的作用。这种状态下，气流作用力 F 是颗粒物运动状态的函数，在不定场流动中也是时间和空间的函数，它随着颗粒物与空气的相对运动状态而发生变化，表现在如颗粒物受到的阻力总是与相对周围气体的运行速度的方向相反，还表现在湍流场中气体微团随时间、空间剧烈变化等。这个阶段颗粒物没有来自地表支撑力 N 的作用。

(3) 沉降阶段。

颗粒物受到的来自气流的作用力 F 不足以继续支撑着其在空中飞行，重力 G 以及其他力 X 的作用使得颗粒物沉降。

2) 颗粒物作用力

从颗粒物的空间状态上看，至少以下这样几个我们现在仍无法确定的力的作用存在。

(1) 气流作用力 F。

气流如何作用到颗粒物？其微观解释当然可以用分子运动论，那是一种分子碰撞的结果，但对它的量化确实是一件非常困难的事情。气流作用力 F 是颗粒物运动状态的函数，又是气流自身湍流运动的函数。出于湍流研究的困难性，至今还没有成熟的理论可以定量地准确估算出气流作用力 F 的大小。有比较成熟的对空间尺寸远大于细小颗粒物的固体经验公式，如对航天器受力的各种经验参数，但是由于颗粒物受力在时间和空间上具有迅速变化的特点，很显然不能直接应用。

对湍流流动结构的研究结果已经证明，壁面湍流有强烈的大涡结构和间歇性、猝发性特点，而间歇性和猝发性的湍流作用与层流作用有很大的不同。一个明显的区别就是，层流中流体对其中颗粒物的作用力持续，脉动量很小，而湍流对颗粒物的作用则有强烈的脉动特性，在猝发的流体微团以时间和空间上都具有的随机性特点强烈地作用在颗粒物上。忽视了这一点，对湍流中颗粒物的受力分析就脱离了客观实际。问题是如何对随机的湍流作用力给出定量的描述。

(2)地表支撑力 N。

地表支撑力是颗粒物空间状态的变量，只要颗粒物与地表有接触，这个力就一直存在。在颗粒物维持静止状态过程中，地表支撑力参与到颗粒物的平衡过程中去，即使颗粒物发生滚动或者振动，这个力一直在起作用。由于来自气流的作用力及其随机性，这也是一个飘忽不定的作用力。在颗粒物没有完全离开地表前，地表支撑力的大小与颗粒物的重力及来自气流和其他颗粒物的碰撞力相平衡。

(3)其他力 X。

其他力之所以无法确定是因为小尺寸的颗粒物受到的作用异常复杂，这里研究人员能够考虑到的一些因素如下：

① 静电作用：颗粒物或多或少带有静电，而大气本身的静电场又十分复杂。对于大尺寸的物体，静电相对于其本身的重力可以忽略，而小尺寸的颗粒物就必须考虑静电的影响。空气中如果充满细小的颗粒物甚至会引起爆炸。

② 表面液体的吸附：在大气环境背景下，湿度总是处于变化的过程中。固体颗粒物表面如果存在细小水滴(或者其他液体)，液体与固体之间的吸附现象是必然的。在潮湿的天气里，颗粒物不容易被风吹到空中，这是一个重要的原因。

③ 颗粒物之间的吸附：细小颗粒物之间的分子作用力可能超过其颗粒物的重力，表现在灰尘吸附在天花板；另一种可能情况是，细小颗粒物之间通过水滴吸附而形成并不稳固的连接体(随着湿度的降低相互之间的作用力减弱)。

这样，在风洞中模拟颗粒物的起动、飞行及降落，要考虑的因素至少包括：真实地模拟大气湍流流动状态，尽可能地用颗粒物实际尺寸进行试验，并且尽可能地降低其他力的影响，如选择相对干燥的季节或者空气湿度比较小的天气进行试验。

2. 颗粒物在空中的迁移及沉降

固体颗粒物在空中的迁移规律十分复杂，其影响因素包括颗粒物的密度、粒径、气流的流动状态、大气湿度、温度等。为方便研究，进行以下假设：

（1）固体颗粒物在空中以单个颗粒状态存在，不考虑颗粒物的破碎和凝聚。

（2）固体颗粒物被动地随气流运动，受重力作用沉降到地面。

（3）空中颗粒物相互之间的碰撞不计。

煤堆模型以一定的几何比例缩小，但模型颗粒物的几何尺寸不变。这样做是考虑到颗粒物在起动、迁移和沉降过程中，其粒径大小是一个决定性的变量，在风洞模拟试验时不宜进行几何缩小。当然，对于实际煤堆中较大的固体块状物在模拟时有一个几何上的上限值。根据相关研究经验及实际起尘的情况，这个几何尺寸上限可在 2mm 左右。

本书中涉及的是料堆的起尘总量，因而笼统地以测量试验前后料堆质量的变化量作为起尘总量。

4.2 煤炭起尘风洞试验条件

4.2.1 风洞概况

大气边界层流动的物理模拟主要是在环境风洞里进行。图 4.1 为交通运输部天津水运工程科学研究所的环境风洞。该风洞是一座水平直流吹出式单试验段风洞，风洞试验段尺寸为 4.4m（宽）×2.5m（高）×15m（长），为了减小试验段内的轴向静压梯度，试验段两侧壁设置了 0.195° 的当量扩散角，试验段设计空风洞最大风速为 30m/s，在距试验段进口 10.9m 处设置一台直径 3.8m 的 360° 转盘。风洞动力由一台功率 400kW、额定转速 540r/min 的直流电动机驱动由 10 片叶片组成的风扇提供，风洞风速的调节由以德国西门子公司 6RA70 系列调速器为核心的直流调速装置实现，并由安装于试验段入口处的压力传感器、温度传感器，通过计算机控制电机转速，实现风速闭环控制。风洞配套设备如图 4.2 所示，风洞测试截面核心区技术参数如表 4.1 所示。风场质量经第三方校测达到优良品质。

4.2.2 测试设备

风洞实验室配置电子压力扫描阀、风洞测力天平、三维脉动风速测量仪、激光位移计、加速度传感器、动态信号采集分析仪、无线索力测试分析系统、专业 3D 模型成型机、振动标定激振系统、三维粒子成像测速(PIV)系统、人工降雨模拟系统等先进的风洞试验仪器设备近百台套(表 4.2)。

图 4.1　环境风洞洞体

(a) 无极变速转盘风速控制系统

(b) 视频监控系统

图 4.2　风洞配套设备

表 4.1　风洞测试截面核心区技术参数

模型核心区技术参数	v=25m/s	v=15m/s
试验段尺寸	4.4m(宽)×2.5m(高)×15.0m(长)	
最大风速	≥30.0m/s	
动压稳定系数	≤0.01	≤0.015
速度场不均匀性	≤0.01	≤0.015
方向场不均匀性	<1.0°	<1.0°
湍流度	≤0.8%	≤1.0%
轴向静压梯度	≤0.001m^{-1}	≤0.001m^{-1}

表 4.2　主要仪器设备

种类	设备名称	品牌及数量
测速设备	三维脉动风速测量仪	澳大利亚 TFI，4 台
	微压传感器	美国 GRAYWOLF，2 台
	三维粒子成像测速系统	美国 TSI，1 套
测压设备	电子压力扫描阀	美国 PSI，704 通道；DSM，1152 通道；快速转接头 63 个
测力设备	盒式测力天平	ATI、COPT 等不同量程，共 12 套
	杆式测力天平	AVIC，2 套
	无线索力测试分析系统	COINV，1 套
测振设备	激光位移计	日本松下 HLC2 系列，32 套
	加速度传感器	丹麦 B&K，29 套
	双目立体视觉观测系统	比利时 MatchID，1 套
	振动标定激振系统	美国 WIN，通频、低频各 1 套
	动态信号采集分析仪	美国 KEYSIGHT，1 套
	模态测试及分析系统	COINV 声压探头，16 通道采集
其他设备	专业 3D 模型成型机	美国 Projet5000，1 台
	人工降雨模拟系统	西安清远，1 套
	全自动筛分粒度仪	南京中湖，1 台

在该试验中主要使用仪器包括三维脉动风速测量仪（TFI Cobra，俗称：眼镜蛇）、全自动筛分粒度仪、精密烘干箱、精密天平、颗粒物状态观察系统。

1. 流场测试仪器

流场测试采用澳大利亚 Turbulent Flow Instrμmentation（TFI）公司的三维脉动风速测量仪 Cobra 探头（图 4.3）。Cobra 探头是一个四孔压力探头，能够测量三分量脉动风速和静压，能够测量±45°锥形范围内的 1000Hz 以上脉动风速。Cobra 探头能够探索方向未知的流场信息，是一种比传统热线探头更为稳健的测量仪器。

2. 干燥、筛分、加湿设备

音波振动式全自动筛分粒度仪：不同煤粉粒径的筛选使用标准音波振动式全自动筛分粒度仪。该仪器是将微型计算机、电子天平、全自动筛分粒度仪及粒度数据处理软件结合起来进行粒度分析的仪器，分析精度高、速度快，并且操作方便。电子天平与计算机之间进行数据通信，振筛后，再将留有样品的筛重送入计算机，然后由计算机直接计算出粒度数据。该仪器的分析范围从 20μm 到 4000μm。该实验室的全自动筛分粒度仪(图 4.4)配置经过计量单位校验的标准试验筛，相应的筛孔尺寸为 4000μm、2800μm、2000μm、1000μm、710μm、500μm、250μm、150μm、125μm、106μm、75μm、63μm、50μm、32μm、28μm。

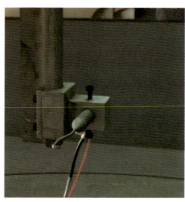

图 4.3　三维脉动风速测量仪 Cobra 探头

(a)　　　　　　　　　(b)　　　　　　　　　(c)

图 4.4　全自动筛分粒度仪(a)、筛分粒度配套试验筛(b)及精密烘干箱(c)

本书煤炭样品选用筛孔尺寸为 2000μm、1000μm、500μm、250μm、106μm、50μm。矿石样品选用的筛孔尺寸为 2000μm、1000μm、500μm、250μm、125μm、63μm。

烘干箱(图 4.4)：煤粉的烘干使用上海一恒科学仪器有限公司的 BPG-9240A 精密烘干箱，其内容积为 130cm×50cm×60cm,温度范围为 10～250℃，功率为 2.45kW。

3. 称量仪器

根据试验需要使用不同精度不同规格的天平(图 4.5),分别为:高精度微量天平,瑞士产梅特勒托利多(METTLER TOLEDO)分析天平,最大感量 220g,精度 0.01mg;精密天平德国产,最大感量 320g,精度 0.1mg。以上天平用于含水率测定。台式天平,中国产,品牌:天马,最大感量 15kg,最小感量 0.3g,精度 0.1g。该天平用于称量试验前后的堆垛质量变化,测定起尘总量。

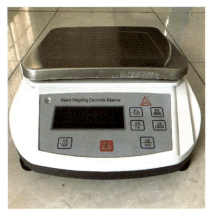

(a) 高精度微量天平　　　　(b) 精密天平　　　　　　　　(c) 台式天平

图 4.5　称量仪器

4. 颗粒物状态观察系统

测量起动风速时采用远距离观察方法,以避免靠近颗粒物的障碍流动对局部流场的干扰。有些文献中使用显微镜观察,镜头距离颗粒物只有若干厘米,其结果会对颗粒物所在流场造成严重干扰。试验中拟使用高精度数码录像设备为风洞特别配置的颗粒物状态观察系统,具备 30 倍光学放大、16 倍数码放大功能,648 万像素。安装在风洞洞体顶部,视频线连接到显示器,试验状态中可放大颗粒物的状态,远程判断颗粒物起动与否(图 4.6)。

4.2.3　试验样品

受研究时间限制,研究主要针对一些典型煤炭、矿石种类开展,建立模型方法,为粉尘控制模型建立和精准抑尘控制系统研发奠定基础。

本次试验对港口运输收集到的 27 种煤炭进行了粒径分布聚类分析后选取"神优""外购"和"低灰"三种煤炭为代表。其中,"神优""外购"所代表的煤炭种类相对来讲以粗颗粒为主,以"低灰"为代表的煤炭种类以细颗粒物为主。本实验选用"神优""低灰"和"外购"三种典型煤炭种类进行风洞试验研究，同时在营口港等众多国内大型港口开展矿石堆场现场调研工作，共采集包括澳大利亚矿、印度矿、巴西矿、非洲矿、伊朗矿等矿石粉尘样品 12个，基本囊括了我国港口大型堆场大部分矿石种类，选取了"澳大利亚矿"（以下简称澳矿）、"印度矿"和"巴西矿"作为后续风洞试验矿石样品。现场采集样品（煤炭、矿石）如图4.7 所示。

图 4.6　风洞安装的颗粒物状态观察系统

图 4.7　现场采集样品（煤炭、矿石）

　　煤堆模型以一定的几何比例缩小，但模型颗粒物的几何尺寸不变。这样做是考虑到颗粒物在起动、迁移和沉降过程中，其粒径大小是一个决定性的变量，在风洞模拟试验时不宜进行几何缩小。当然，对于实际煤堆中较大的固体块状物在模拟时有一个几何上的上限。根据相关文献及研究经验，这个几何尺寸上限可在 2mm 左右。因此本次试验样品分析均针对 2mm 以下部分进行粒径分析。对所取样品进行人工筛分至 5mm 以下，再采用密闭电动筛分方式筛分至 2mm 粒径之下，以备后续起尘规律风洞试验使用。

4.2.4　工况组合

本次试验以煤炭试验为主，通过煤炭起尘风洞试验建立煤炭粉尘起尘规律模型，矿石试验仅用来考察不同料种对起尘系数的影响。本书建立了起尘规律模型，提供了一种精准控制的方法，为精准控制软件研发提供后台算法支撑。在港口实践应用时，应该针对具体物料种类开展针对性风洞试验，以获得具体物料不同含水率下的起尘量数据，根据试验数据对物料系数因子进行修正，以达到更为精准的粉尘控制效果。

针对前述章节除尘效率主要影响因素筛选结果，进行本书试验工况组合。本次试验工况组合见表 4.3，主要包括：

表 4.3　煤炭矿石起尘规律风洞试验工况组合表

起动风速试验	3 个煤种×2 个含水率×8 组平行+3 个矿种×1 个含水率×8 组平行=72 组				
	工况	料种	含水率	风速/(m/s)	工况数
起尘量风洞试验正常工况	煤炭静态堆存	神优、外购、低灰	自然含水率、自然含水率+加湿 3%	3、5、7、9、11、14	3×2×6=36
	矿石静态堆存	澳矿、巴西矿、印度矿	自然含水率	5、7、9、11、14	3×5=15
	煤炭堆料作业	神优、外购、低灰	自然含水率、自然含水率+加湿 3%	3、5、9	3×2×3=18
	矿石堆料作业	澳矿	自然含水量	3、5、9	3
	取料作业	神优、外购、低灰	自然含水率、自然含水率+加湿 3%	3、5、9	3×2×3=18
	翻车作业	神优、外购、低灰	自然含水率、自然含水率+加湿 3%	3、5、9	3×2×3=18
起尘量风洞试验特殊工况(探索性)	静态堆存	神优	超高含水率	3、5、7、9、11、14	6
	取料作业	神优	超高含水率	3、5、9	3
	翻车作业	神优	超高含水率	3、5、9	3

注：自然含水率+加湿 3%的含义为样品自然含水率条件下又加湿使其含水率增加 3%，下同。

(1)起动风速测试试验。

(2)起尘量风洞试验正常工况：不同含水率(自然含水率、自然含水率+加湿3%)、不同物料(神优、外购、低灰、澳矿、巴西矿、印度矿)、不同作业方式(静态单堆、堆料、取料、翻车)、不同风速(3m/s、5m/s、7m/s、9m/s、11m/s、14m/s)。

(3)起尘量风洞试验特殊工况：考虑部分港口煤炭采用翻车机房底层洒水工艺后，在气象预报将出现大风气象时，会对作业及堆存的煤炭进行加强洒水，此时煤炭含水率有一定概率处于超高水平(外水含水率大于10%)。因在超高含水率状况下进行风洞试验的试验误差较大，所以本书对超高含水率状态部分工况仅进行探索性试验研究，考察在超高含水率状态下煤炭的起尘特性。

4.3 煤炭粉尘粒径分布和含水率

在开展风洞试验之前，需对所采集的待测样品进行粒径分布特征和含水率测定试验，为后期试验奠定基础。

4.3.1 粒径筛分

本次试验选定的煤矿样品粒径分布试验结果如表 4.4、图 4.8、表 4.5、图 4.9 所示。

表 4.4　本次风洞试验煤炭样品的粒径分布情况 1

粒径/μm	中值粒径/μm	神优		外购		低灰	
		质量分数/%	累计质量分数/%	质量分数/%	累计质量分数/%	质量分数/%	累计质量分数/%
<50		1.58	1.58	1.48	1.48	1.86	1.86
50～106	78	4.35	5.93	3.58	5.06	3.83	5.69
106～250	228	13.51	19.44	10.09	15.15	10.32	16.01
250～500	375	23.41	42.85	20.72	35.87	22.67	38.68
500～1000	750	29.08	71.93	28.28	64.15	30.53	69.21
1000～2000	1500	28.07	100.00	35.85	100.00	30.79	100.00

4.3.2 含水率测定

在本试验中定义自然含水率为所采样品至试验大厅摊开、翻动、晾放两周后至含水率较稳定，自然状态时物料外水含水率。自然含水率测定试验主要为

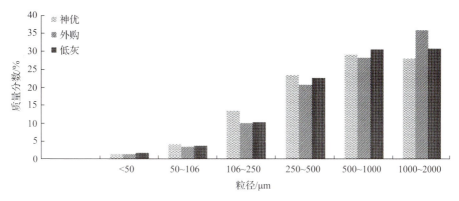

图 4.8　风洞试验所采用煤炭样品的粒径分布直方图 1

表 4.5　本次风洞试验所采用矿石样品的粒径分布情况 2

粒径/μm	中值粒径/μm	澳矿		巴西矿		印度矿	
		质量分数/%	累计质量分数/%	质量分数/%	累计质量分数/%	质量分数/%	累计质量分数/%
<63		1.98	1.98	2.52	2.52	0.22	0.22
63～125	94	7.99	9.97	10.59	13.11	0.95	1.17
125～250	187.5	13.61	23.58	19.17	32.28	2.85	4.02
250～500	375	14.78	38.36	22.30	54.58	11.45	15.47
500～1000	750	13.26	51.62	10.84	65.42	22.12	37.58
1000～2000	1500	14.75	66.37	11.29	76.71	28.09	65.67
>2000		33.63	100.00	23.29	100.00	34.33	100.00

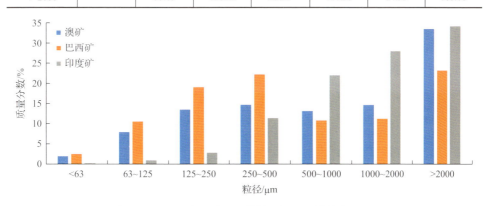

图 4.9　风洞试验所采用矿粉样品的粒径分布直方图 2

取自然状态样品，称重后放入烘干箱低温(40℃)烘干 24h 以上，密闭称重记录后放入烘干箱继续干燥，1h 后再次称重，当两次称重质量差小于样品自重的千分之一，则可认为样品已经烘干至外水无水状态。通过烘干前后质量差可计算得出自然状态下样品含水率。

试验样品煤炭和矿石含水率分析结果分别如表 4.6 和表 4.7 所示。分析试验结果可知：三个煤样自然含水率区间为 3.1%～5.9%，神优、外购、低灰均值分别为 4.9%、3.3% 和 5.6%，互相较为接近。矿石自然含水率区间为 2.4%～4.5%，其中澳矿、巴西矿、印度矿的自然含水率均值分别为 3.8%、2.9% 和 3.5%，互相较为接近。

表 4.6　试验样品煤炭自然含水率测定结果　　　　（单位：%）

试验编号	神优	外购	低灰
1	5.1	3.4	5.5
2	5.0	3.6	5.2
3	4.9	3.2	5.8
4	4.9	3.3	5.9
5	5.0	3.1	5.7
6	4.8	3.5	5.5
7	4.7	3.4	5.8
8	4.7	3.2	5.7
均值	4.9	3.3	5.6

表 4.7　矿石自然含水率测定结果　　　　（单位：%）

试验编号	澳矿	巴西矿	印度矿
1	3.7	2.4	4.0
2	3.9	2.4	3.2
3	4.0	3.2	3.4
4	3.6	2.4	2.6
5	4.0	3.3	4.0
6	3.9	3.2	4.5
7	3.7	3.2	3.2
8	3.8	3.0	3.0
均值	3.8	2.9	3.5

本书考察洒水措施对煤炭起尘量的影响，根据前期研究，港口采用各种洒水措施后，现场实测数据显示物料表面含水率提升了 1%～5%。本书将含水率增加幅度定为 3%，考察含水率增加 3% 后的物料堆存和作业起尘情况。

考虑港口煤炭采用翻车机房底层洒水工艺后，在气象预报将出现大风气象时，会对作业及堆存的煤炭进行加强洒水，此时煤炭含水率有一定概率处于超高水平，超高含水率探索性试验研究的样品含水率分析结果见表 4.8，该状态下神优样品的含水率均值为 14.3%。

表 4.8　超高含水率探索性试验所用煤炭样品含水率测试结果

试验编号	含水率/%
1	14.3
2	13.9
3	14.7
4	13.8
5	14.8
均值	14.3

4.4　煤炭粉尘起动风速试验

4.4.1　试验方案

按照试验条件要求，将一定含水率的待测物料均匀平铺，尽可能避免表面折皱，调整风洞配置的颗粒物状态观察设备的焦距和几何放大倍数，获取最清晰的图像。启动风洞，逐渐增加风速，观察颗粒物的移动状况。当明显发现颗粒物的滚动时，认为颗粒物已经起动。该过程重复若干次，可获得起动风速的上下限值。煤炭样品自然含水率、自然含水率+加湿 3% 状态下起动风速测定试验共 48 组，其中神优、外购和低灰每个煤种自然含水率各 8 组，自然含水率+加湿 3% 状态下起动风速试验各 8 组。矿石样品自然含水率状态下起动风速测定试验共 24 组，其中澳矿、巴西矿和印度矿每个矿种自然含水率起动风速试验各 8 组。

4.4.2　试验结果

三种试验煤炭自然含水率条件下的观测起动风速如表 4.9 所示。其中，神优自然含水率条件下的煤炭起动风速为 3.2～3.5m/s，8 组试验的平均值为 3.39m/s；外购煤种和低灰煤种自然含水率条件下的起动风速均为 3.3～3.6m/s，8 组试验的平均值分别为 3.41m/s 和 3.39m/s。三种煤炭试样 24 组试验可测起动风速平均值为 3.4m/s。在自然含水率+加湿 3% 含水率状态下，三种样品煤炭起动风速为 3.5～4.1m/s，24 组试验可测起动风速平均值为 3.8m/s，详见表 4.10。

表 4.9 自然含水率条件下煤炭样品起动风速试验值

煤种	环境湿度/%	环境温度/℃	$U_{起}$/(m/s)	$U_{起下}$～$U_{起上}$/(m/s)	$U_{平均}$/(m/s)	$U_{全部平均}$/(m/s)
神优	40	28	3.2	3.2～3.5	3.39	
	40	28	3.3			
	40	28	3.4			
	40	28	3.5			
	40	28	3.5			
	40	28	3.3			
	40	28	3.5			
	40	28	3.4			
外购	40	27.8	3.3	3.3～3.6	3.41	3.4
	40	27.8	3.4			
	40	27.8	3.3			
	40	27.8	3.4			
	40	27.8	3.5			
	40	27.8	3.5			
	40	27.8	3.6			
	40	27.8	3.3			
低灰	40	27.6	3.3	3.3～3.6	3.39	
	40	27.6	3.3			
	40	27.6	3.3			
	40	27.6	3.4			
	40	27.6	3.6			
	40	27.6	3.4			
	40	27.6	3.5			
	40	27.6	3.3			

注：$U_{起}$为起动速度；$U_{起下}$和$U_{起上}$分别为起动速度的下限和上限。

表 4.10 加湿状态下(自然含水率+加湿 3%)煤炭样品起动风速试验值

煤种	环境湿度/%	环境温度/℃	$U_{起}$/(m/s)	$U_{起下}$～$U_{起上}$/(m/s)	$U_{平均}$/(m/s)	$U_{全部平均}$/(m/s)
神优	40	27.1	3.5	3.5～4.1	3.8	3.8
	40	27.1	3.9			
	40	27.1	3.6			
	40	27.1	3.7			
	40	27.1	3.9			
	40	27.1	4.1			
	40	27.1	3.8			
	40	27.1	4.1			

续表

煤种	环境湿度/%	环境温度/℃	$U_{起}$/(m/s)	$U_{起下}{\sim}U_{起上}$/(m/s)	$U_{平均}$/(m/s)	$U_{全部平均}$/(m/s)
外购	40	27.8	3.7			
	40	27.8	3.6			
	40	27.8	3.9			
	40	27.8	3.8	3.6~3.9	3.7	
	40	27.8	3.8			
	40	27.8	3.7			
	40	27.8	3.6			
	40	27.8	3.8			3.8
低灰	40	27.6	3.8			
	40	27.6	4.0			
	40	27.6	4.1			
	40	27.6	3.8	3.6~4.1	3.9	
	40	27.6	3.6			
	40	27.6	4.0			
	40	27.6	3.9			
	40	27.6	3.7			

试验结果显示，三种煤炭样品在自然含水率状态下起动风速变化基本一致。分析原因，虽然不同煤种中不同微小粒径的颗粒物含量不同。但在基本相同的观测状态下（试验仪器放大倍数、试验人员、试验环境）所能观测的最小起尘粒径是相似的，这与该粒径在煤种中的百分含量基本无关。所以采用混合粒径的样品进行试验，在试验中观测到的起动风速也是相似的，数据的波动仅为实验误差。

综上，本书中煤炭自然含水率起动风速为 24 组试验的平均值 3.4m/s，煤炭自然含水率+加湿 3%状态下起动风速为 24 组试验的平均值 3.8m/s。

三种试验矿石自然含水率条件下的观测起动风速如表 4.11 所示。其中，澳矿、巴西矿、印度矿自然含水率条件下观测平均起动风速分别为 4.4m/s、4.5m/s、4.7m/s，三种矿石起动风速数值相差不大。三种矿石试样 24 组试验可测起动风速平均值为 4.5m/s。如上所述，可认为本书中矿石试样自然含水率起动风速为 24 组试验的平均值 4.5m/s。

表 4.11　自然含水率条件下矿石样品起动风速试验值

矿种	环境湿度/%	环境温度/℃	$U_{起}$/(m/s)	$U_{起下}\sim U_{起上}$/(m/s)	$U_{平均}$/(m/s)	$U_{全部平均}$/(m/s)
澳矿	40	27.4	4.4	3.8~5.0	4.4	4.5
	40	27.4	4.6			
	40	27.4	3.9			
	40	27.4	5.0			
	40	27.4	3.8			
	40	27.4	4.6			
	40	27.4	4.7			
	40	27.4	4.3			
巴西矿	40	27.0	4.0	3.6~5.4	4.5	
	40	27.0	3.8			
	40	27.0	3.6			
	40	27.0	5.0			
	40	27.0	5.4			
	40	27.0	3.8			
	40	27.0	5.2			
	40	27.0	5.1			
印度矿	40	26.5	4.5	3.5~5.7	4.7	
	40	26.5	5.0			
	40	26.5	3.5			
	40	26.5	4.2			
	40	26.5	5.4			
	40	26.5	4.6			
	40	26.5	4.5			
	40	26.5	5.7			

4.5　散货码头静态堆场起尘规律

4.5.1　试验模型及方案

静态堆场起尘模型试验主体试验为针对 3 个煤种、2 个含水率、6 个风速的 36 组煤炭静态起尘量风洞测定试验，以及针对 3 个矿种、自然含水率、5 个风速的 15 组矿石静态起尘量风洞测定试验。主体试验完成后针对超高含水率特殊工况开展了 1 个煤种、6 个风速的 6 组单堆煤炭静态起尘量风洞，以上静态堆场起尘模型试验共 57 组。

静置堆场起尘风洞试验模型根据风洞试验转盘尺寸和料堆原形尺寸及相

关相似率准则，综合确定模型比λ为 1∶200。煤堆标准堆原型尺寸根据神华黄骅港务有限责任公司提供的标准煤堆。标准垛型为平顶垛，堆垛外形示意图如图 4.10 和图 4.11 所示。堆垛底长 120m，底宽 44m，安息角 37°，垛高 13.5m。平均每个煤垛体积 36006.1m³，平均表面积 6083.7m²。相应模型煤堆底长 60cm，宽 22cm，安息角 37°，高度为 6.75cm。模型煤垛体积 4500.8cm³，表面积 1521cm²。煤炭风洞试验模型如图 4.10 和图 4.11 所示。根据模型尺寸，制作了相应的堆架。

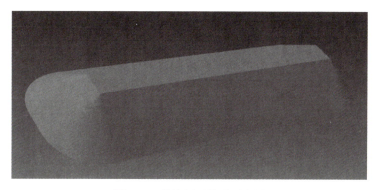

图 4.10　煤堆原型外形示意图

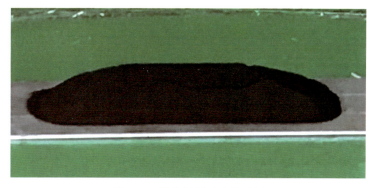

图 4.11　煤炭风洞试验模型图

矿石标准堆原型尺寸依据为天津港标准矿堆。标准堆为平顶垛，外形为四棱台。安息角取 45°；标准堆下底长 100m，宽 50m；上底长 76m，宽 26m；高度为 12m；堆垛外形示意图如图 4.12 所示。相应模型矿堆底座尺寸为长 50cm，宽 25mm；安息角 45°；垛顶尺寸为长 38cm，宽 15cm；高度为 6cm，表面积为 1596cm²。矿石风洞试验模型如图 4.13 所示。根据模型尺寸，制作了相应的堆架。

图 4.12　矿堆原型外形示意图

图 4.13　矿石风洞试验模型图

研究单位已有的风洞试验研究结论表明,料堆模型在一定风场条件下的起尘量在一定时间后基本趋于稳定(达到峰值状态),本次试验中认为料堆模型起尘的稳定临界时间为 15min,因此每组试验的吹蚀时间均选取为 15min。

起尘试验共分为 5 个步骤实施,分别为:

(1)按要求配置不同类型料堆,使之符合含水率要求,记录料堆质量 M_{c0} 以及堆架的质量 M_{f0}。

(2)清洁风洞,以减小系统干扰和误差。

(3)按来流风速 U 分别为 3m/s、5m/s、7m/s、9m/s、11m/s、14m/s,吹蚀 15min(因风速 3m/s 时矿石试样基本不起尘,取消 3m/s 的风速测试)。

(4)称量吹蚀后的料堆煤炭质量 M_{cr} 及堆架质量 M_{fr},计算起尘总量 $d_e=M_{c0}+M_{f0}-M_{cr}-M_{fr}$。

(5) 重复以上步骤，工况分别为神优自然含水率、神优加湿含水率、外购自然含水率、外购加湿含水率、低灰自然含水率、低灰加湿含水率、澳矿自然含水率、巴西矿自然含水率、印度矿自然含水率。其中加湿含水率是指在自然含水率基础上进行煤样加湿，使其含水率提升 3%，用以考察料堆含水率提升对起尘量的影响。以上工况均完成后进行神优煤种的超高含水率探索性试验工况，该样品采用现场取回密闭封存的原型煤炭。

从起尘过程看，在空间上是在料堆的表面，在时间上可以大致认为起尘量与时间成正比。这个过程中涉及的变量：d_e-起尘总量；t-持续时间；S-料堆表面积；U-来流风速；U_c-临界风速；w_h-物料含水量；ρ_c-物料密度；H_a-大气相对湿度。

需要说明的是，大气湿度对风洞试验中物料起尘量的测量有一定的影响。由于大气湿度的影响，配置好一定含水率的物料可能在试验中吸水或者失水，从而改变物料的含水率。这是试验中无法克服和避免的困难。大气相对湿度较大时，起尘受到严重抑制，而悬浮空中的散货物料颗粒则因为吸湿而迅速变大进而沉降。因此，试验过程中尽可能选取干燥的天气进行试验。

考虑局部小体积元，长、宽、高分别为 δ_x、δ_y、δ_z，其中有 n 个等直径 d 的颗粒物。相应有：

这些颗粒物的总质量为 M_g，它之所以能够悬浮空中并迁移是因为受到来自气流的雷诺剪应力，总大小为 $n \times 4\pi r^2 \times c_1\rho_a u_f^2$，其中 c_1 为无量纲系数；u_f 为临界摩擦速度；ρ_a 为密度。

再假设 $n = c_2\delta_x\delta_y\delta_z$，即该小体积元中颗粒数正比于该体积元体积，有

$$M_g = \frac{c_2\delta_x\delta_y\delta_z \times 4\pi r^2 \times c_1\rho_a u_f^2}{g} \tag{4.9}$$

或

$$\frac{M}{\delta_x\delta_y} = \frac{4\pi r^2 c_1 c_2 \rho_a u_f^2 \delta_z}{g} \tag{4.10}$$

在该小体积元中，$\delta_z = u_f\delta_t$，其中 δ_t 为临界摩擦时间，则式 (4.10) 变为

$$\frac{M}{\delta_x\delta_y\delta_t} = \frac{4\pi r^2 c_1 c_2 \rho_a u_f^3}{g} \tag{4.11}$$

式 (4.11) 的左侧即单位面积单位时间内的起尘量，而 $c_2 \cdot 4\pi r^2$ 的含义是单位体积中颗粒物的表面积，对于某固定粒径分布的料堆，可以近似地把 $c_1 c_2 \cdot 4\pi r^2$

看作一个参数 c。这样，有：

$$\frac{M}{\delta_x \delta_y \delta_t} = \frac{c \rho_a u_f^3}{g} \qquad (4.12)$$

假设实际大气流动中：

$$(U - U_c) \propto u_f \qquad (4.13)$$

近似以料堆的表面积取代 $\delta_x \delta_y$，可得到起尘量 $Q_峰$ [单位为 kg/(m²·s)] 的表达式为

$$Q_峰 = \frac{c \rho_a (U - U_c)^3}{g} \qquad (4.14)$$

具体到测量值 d_e 时：

$$Q_峰 = d_e / (St) \qquad (4.15)$$

式中

S——模型料堆的表面积；

t——采样时间段长。

式(4.15)中，速度与现场相同，空气密度和重力加速度也相同，单位体积的颗粒物的表面积在近地表中估计也大小近似。

4.5.2 静置煤堆起尘试验结果

1. 自然含水率和加湿工况

煤堆总面积 $S=0.1521\text{m}^2$，吹蚀时间为 900s(15min)，计算得到折算到原型的煤炭起尘量见表 4.12 和图 4.14～图 4.16 所示。从图表中可以看出，试验中所选用的三个煤种中，自然含水率状态下神优和外购起尘量较为接近，神优略低于外购，低灰起尘量较前两者更大。

表 4.12 煤炭不同风速下起尘量

煤种	含水率类型	风速/(m/s)	起尘总量 d_e/g	起尘量 Q/[g/(m²·s)]
神优	自然含水率	3	6.5	0.05
		5	8.7	0.06
		7	15.5	0.11
		9	208.8	1.53
		11	450.9	3.29
		14	919.8	6.72

续表

煤种	含水率类型	风速/(m/s)	起尘总量 d_c/g	起尘量 Q/[g/(m²·s)]
神优	自然含水率+加湿 3%	3	5.2	0.04
		5	6.9	0.05
		7	12.4	0.09
		9	144.5	1.06
		11	290.1	2.12
		14	540.6	3.95
外购	自然含水率	3	5.4	0.04
		5	5.8	0.04
		7	29.5	0.22
		9	198.9	1.45
		11	488.3	3.57
		14	1189.0	8.69
	自然含水率+加湿 3%	3	4.1	0.03
		5	4.2	0.03
		7	21.5	0.16
		9	155.4	1.14
		11	366.4	2.68
		14	835.3	6.10
低灰	自然含水率	3	8.6	0.06
		5	9.0	0.07
		7	60.7	0.44
		9	312.2	2.28
		11	591.8	4.32
		14	1715.8	12.53
	自然含水率+加湿 3%	3	7.2	0.05
		5	7.9	0.06
		7	42.9	0.31
		9	249.5	1.82
		11	398.7	2.91
		14	976.8	7.14

　　从图 4.14～图 4.16 中可知,随着风速的增大,煤堆的起尘量呈现上升趋势,尤其是当风速达到或超过 9m/s 时,堆场起尘量大幅度上升。

　　根据笔者前期研究基础,本次拟采用的计算模型采用《港口建设项目环境影响评价规范》(JTS 105-1—2011)中推荐的计算模型,具体计算模型如下:

$$Q_1 = 0.5\alpha \left(U - U_0 \right)^3 S \tag{4.16}$$

式中

　　Q_1——堆场起尘量,g/(m²·s);

α——货物类型起尘调节系数；

U——风速，m/s；

U_0——混合粒径颗粒的起动风速，m/s；

S——堆表面积，m^2。

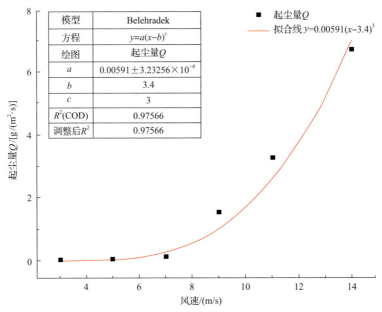

图 4.14　神优自然含水率起尘量随风速变化拟合

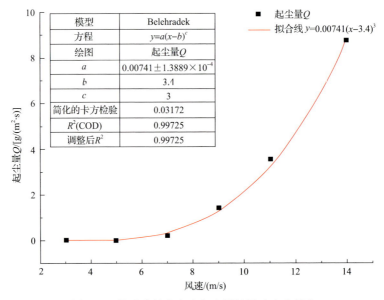

图 4.15　外购自然含水率起尘量随风速变化拟合

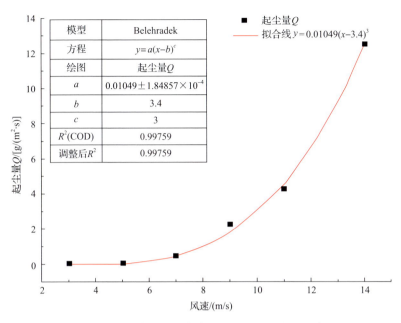

图 4.16　低灰自然含水率起尘量随风速变化拟合

根据上述静态堆场粉尘起尘规律，将本次风洞试验煤炭峰值起尘量与来流风速进行曲线拟合，拟合结果见图 4.17～图 4.19。其中：

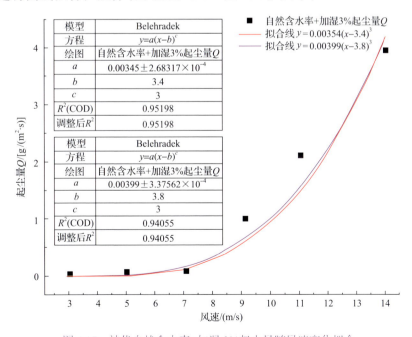

图 4.17　神优自然含水率+加湿 3%起尘量随风速变化拟合

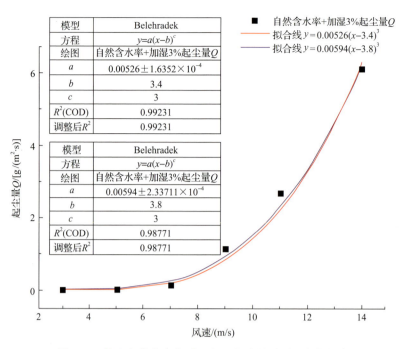

图 4.18　外购自然含水率+加湿 3%起尘量随风速变化拟合

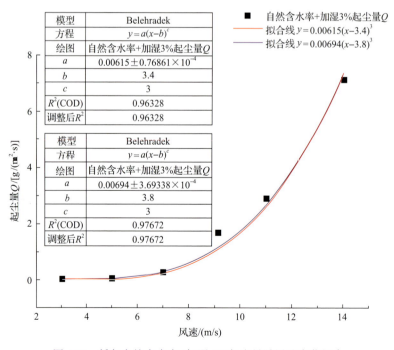

图 4.19　低灰自然含水率+加湿 3%起尘量随风速变化拟合

神优起尘量与来流风速拟合公式为 $Q = 0.00591(U - 3.4)^3$。

外购起尘量与来流风速拟合公式为 $Q = 0.00741(U - 3.4)^3$。

低灰起尘量与来流风速拟合公式为 $Q = 0.01049(U - 3.4)^3$。

三种煤炭的拟合效果均比较好，表明拟合公式能很好地描述相应煤炭的起尘规律。

三个煤种的单堆自然含水率与增加 3%含水率的起尘量试验结果见图 4.20～图 4.22 所示。对于含水率增加 3%后的试验数据，分别按观测的起动风速 3.8m/s 进行模拟，模拟结果显示起尘量随风速增加符合三次方关系。为方便与自然含水率状态起尘量进行比较，又分别按起动风速 3.4m/s 进行拟合。拟合数据显示按起动风速 3.4m/s 进行拟合时，起尘量与风速增加关系也符合三次方关系，且拟合置信度有微小提升。

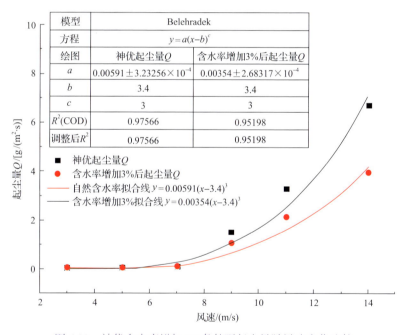

图 4.20　神优含水率增加 3%条件下起尘量随风速变化比较

图 4.20～图 4.22 显示了自然含水率状态下和加湿后含水率增加 3%状态下，起尘量削减情况。

图 4.20～图 4.22 分析结果显示含水率增加 3%后，在不同风速下神优起尘量降低的幅度为 20%～41%；在不同风速下外购起尘量降低的幅度为 21%～29%；在不同风速下低灰起尘量降低的幅度为 12%～43%。

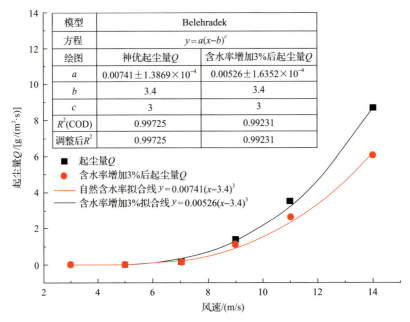

图 4.21　外购含水率增加 3% 条件下起尘量随风速变化比较

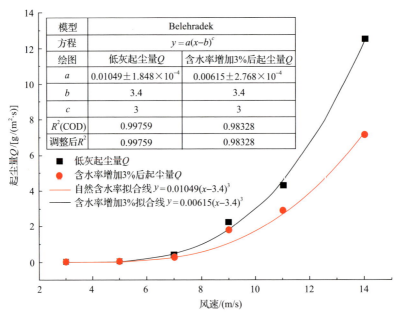

图 4.22　低灰含水率增加 3% 条件下起尘量随风速变化比较

　　综合来看，煤炭含水率的增加能显著抑制堆场起尘，这种抑制作用在中大风速情况下更为显著。

2. 超高含水率工况

超高含水率静置煤堆风洞试验为探索性试验，因样品中含水率处于超高状态，在试验中极易因试验风导致试验样品中水分的快速流失造成更大的试验误差。所以试验结果在本书中不纳入模型构建中，仅为考察超高含水率状态下煤炭起尘特性提供数据参考依据。煤堆总面积 $S=0.1521\text{m}^2$，吹蚀时间为900s(15min)，计算得到折算到原型的煤炭起尘量如表 4.13 所示。

表 4.13　静态煤堆不同风速下起尘量(超高含水率)

煤种	含水率类型	风速/(m/s)	起尘总量 d_e/g	起尘量 Q/[g/(m²·s)]
神优	超高含水率(14.3%)	3	17.3	0.13
		5	22.0	0.16
		7	29.9	0.22
		9	34.9	0.25
		11	38.3	0.28
		14	54.3	0.40

注：超高含水率试验中煤堆表面水分流失较多，因无法分割水分、粉尘比例，该试验数据 d_e 包含水分流失质量。

在本次超高含水率探索性试验中发现由于试验样品含水率较高，试验状况下损失的质量不仅因为粉尘起尘，还包括部分煤堆表面水分流失。采用同样煤堆在风洞内不开启风机状态下静置15min后，水分流失的质量平均约为5.4g(重复多次平均值)。在开启风机不同风速状况下，这种水分流失导致的质量减少的速度会相应增加，以 3m/s 风速为例，试验后风洞内基本未观测到吹离煤堆的粉尘，但煤堆质量减少了 17.3g。这也进一步解释了在中低风速状态下，高含水率的试验工况下起尘量比低含水率工况时更高的原因。但由于煤堆减少的质量中水的质量和粉尘质量之比无法确定，只能将其作为试验误差处理。即试验所得起尘量偏于保守，在实际推算原型起尘量时，可根据实际情况考虑该部分的放大因素。

根据表 4.13 和图 4.23，对神优的静态堆存风洞试验结果分析可知：在超高含水率状态下，神优起尘量与风速关系已不满足三次方关系(蓝色线)，而更趋于线性关系(红色线)。

试验结果显示，超高含水率状态下神优起尘量与来流风速拟合公式为

$$Q_{峰} = 0.02351U + 0.04804 \tag{4.17}$$

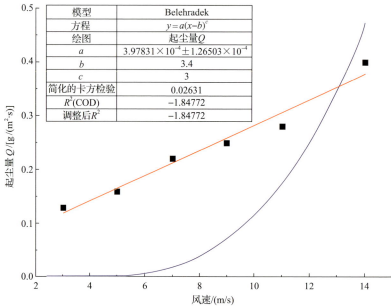

方程	$y=a+bx$
绘图	起尘量Q
权重	不加权
截距	0.04804 ± 0.01954
斜率	0.02351 ± 0.00218
残差平方和	0.00154
皮尔逊相关系数	0.98319
R^2(COD)	0.96666
调整后R^2	0.95833

■ 起尘量Q
—— 拟合线 $y=0.02351x+0.04804$
—— 拟合线 $y=0.0003978(x-3.4)^3$

模型	Belehradek
方程	$y=a(x-b)^c$
绘图	起尘量Q
a	$3.97831\times10^{-4}\pm1.26503\times10^{-4}$
b	3.4
c	3
简化的卡方检验	0.02631
R^2(COD)	-1.84772
调整后R^2	-1.84772

图 4.23　神优超高含水率条件下起尘量随风速变化情况

即煤炭(神优)的表面含水率高至 14.3%后,对高风速的抑尘作用非常显著,其起尘量与自然含水率状态下的起尘量出现数量级的差距。因此在大风来临前也可采用临时加强堆垛表面喷淋的方式进行控尘。

3. 静置矿堆起尘试验结果

单堆矿堆总面积 $S=0.1596\text{m}^2$,吹蚀时间为 900s(15min),计算得到折算到现场的矿堆单堆起尘量如表 4.14 和图 4.24～图 4.26 所示。

表 4.14　矿堆单堆不同风速下起尘量

矿种	含水率类型	风速/(m/s)	起尘总量 d_c/g	起尘量 Q/[g/(m²·s)]
澳矿	自然含水率	5	5.7	0.04
		7	56.0	0.39
		9	326.1	2.27

矿种	含水率类型	风速/(m/s)	起尘总量 d_c/g	起尘量 Q/[g/(m²·s)]
澳矿	自然含水率	11	1009.8	7.03
		14	2743.5	19.10
巴西矿	自然含水率	5	2.9	0.02
		7	50.3	0.35
		9	277.2	1.93
		11	968.1	6.74
		14	2714.8	18.9
印度矿	自然含水率	5	1.4	0.01
		7	44.5	0.31
		9	285.8	1.99
		11	922.2	6.42
		14	2657.3	18.50

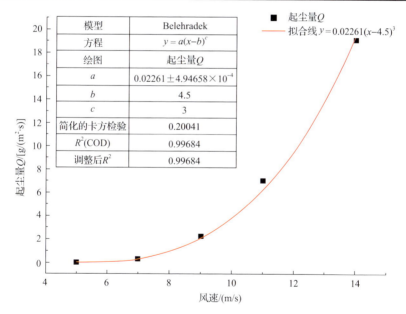

模型	Belehradek
方程	$y = a(x-b)^c$
绘图	起尘量 Q
a	$0.02261 \pm 4.94658 \times 10^{-4}$
b	4.5
c	3
简化的卡方检验	0.20041
R^2(COD)	0.99684
调整后 R^2	0.99684

■ 起尘量 Q
—— 拟合线 $y = 0.02261(x-4.5)^3$

图 4.24 澳矿自然含水率条件下起尘量随风速变化拟合

从图 4.24~图 4.26 中可以看出，试验中所选用的几种矿粉中，低风速情况下（<10m/s），澳矿起尘量最大，其次为巴西矿，印度矿的起尘量最小；而在较高风速条件下，几种矿粉的起尘情况则没有明显差别。

将本次风洞试验矿石起尘量与来流风速进行曲线拟合，拟合结果见图 4.24~图 4.26 中的数据。其中：

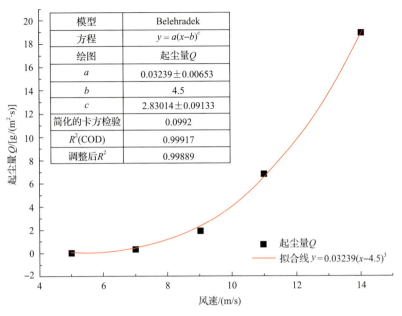

图 4.25　巴西矿自然含水率起尘量随风速变化拟合

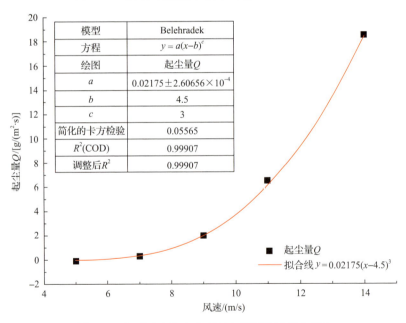

图 4.26　印度矿自然含水率起尘量随风速变化拟合

澳矿起尘量与来流风速拟合公式为 $Q_{峰} = 0.02261(U-4.5)^3$。

巴西矿起尘量与来流风速拟合公式为 $Q_{峰} = 0.03239(U-4.5)^3$。

印度矿起尘量与来流风速拟合公式为 $Q_峰 = 0.02175(U - 4.5)^3$。

三种矿石样品的拟合效果均比较好，表明拟合公式能很好地描述相应矿石的起尘规律。

本书仅对部分典型矿种开展试验，验证矿石及起尘量模型关系，提供一种矿石起尘量计算模拟方法。在具体进行针对性物料的起尘量计算时，可以针对该类物料开展相关试验，修订相关的起动风速和物料起尘参数。

4.6　散货码头动态作业起尘规律

物料的装卸作业过程中，由于颗粒物直接暴露在气流中，因而其起尘规律与静态堆存有明显的差异。试验工况的筛选及组合介绍在 4.2 节已详细介绍，这里不再赘述。

4.6.1　试验模型

针对拟开展风洞试验的堆料(装船)作业、取料作业和翻车作业制作试验模型。

1. 堆料作业风洞模拟试验模型

对于堆料作业，其影响因素主要为作业落差，我们关注的对象为落料口至料堆顶部这一段距离，物料因为高差受风力作用产生扬尘。因此可以忽略堆料机外形，将关注点集中于落料口，将堆料机模型简化为一个下部开孔的漏斗，落料口下部固定料堆状模型，以保证落料口和料堆顶部距离落差。根据试验仪器能力及风洞尺寸，堆料作业试验模型比例(1∶λ)为 1∶50。落料口直径与原型堆料物料流柱直径之比为 1∶50，模型落差(4cm)与原型堆料作业落差(2m)之比为 1∶50。图 4.27 为堆料作业风洞模拟试验模型。

2. 取料作业风洞模拟试验模型

取料作业起尘主要是因为取料机的斗轮对物料作业面进行扰动导致。因此在进行取料作业风洞试验模拟时，我们并不需要对整个取料机进行模拟，只需对取料机的斗轮机头进行几何相似模拟。取料作业试验模型比例为 1∶50。斗轮机机头外形原型尺寸由港口调研典型斗轮机获得。原型斗轮机头外直径为 9.6m，内环直径为 6.15m，均匀分布 8～10 个取料斗。本次模型采用 8 个斗形式。每个料斗开口尺寸约为 2m×1.75m，深度约为 1.75m。因此制作试验斗轮机机头模型外直径为 19.2cm，内环直径为 12.3cm。8 个斗均匀一周分布，斗

图 4.27　堆料作业风洞模拟试验模型

开口尺寸为 4cm×3.5cm,深度为 3.5cm。斗轮机头通过螺旋滑竿固定在底座上,进行试验时,除了机头自身可以旋转,机头还可以通过螺旋滑竿整体平稳前进,模拟取料机在工作面移动,并能保障试验过程中可以持续取料。

通过现场测定,斗轮机工作状态下机头处转动周期平均为 10s 左右,模型采用相同角速度进行取料作业(图 4.28)。

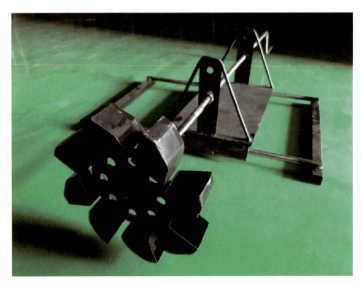

图 4.28　取料作业风洞模拟试验模型

3. 翻车作业风洞试验模型

根据港口调研,港口翻车机一般为双翻、三翻和四翻,其中双翻占比较大。常见的可翻火车型号有 C64(64t)、C70(70t)、C80(80t)等。本书中以装载量最大的 C80 火车进行模拟。翻车机房以黄骅港翻车机房为原型进行模拟制作。翻车机房长度为 48m,宽度为 54m。翻车机房对其余出口进行了封堵,仅留火车进出口,每个火车位进出口开口尺寸为 10m×5m。翻车机房风洞试验模型主要包括三个部分:翻车机模型、翻车机房模型和地坑模型。根据翻车机、翻车机房及地坑原型情况,进行适当简化。模型比例 1∶50。翻车机针对装载量最大的 C80 火车进行模拟。模拟两节火车车厢,每节车厢模型尺寸为 7.6cm(高)×6.4cm(宽)×24cm(长)。两节车厢外部中心处焊接轴,通过转动长轴实现两节火车车厢同时翻车作业。翻车机模型如图 4.29 所示。

图 4.29 翻车机模型(模型比例 1∶50)

翻车机房采用透明的亚克力制作,以便从上方可以观测试验情况。翻车机房尺寸根据原型尺寸和相似比确定。翻车机房尺寸为 108cm(宽度)×96cm(长度)×28cm(最高处高度),两端模拟火车进出口各开 3 个孔,开孔尺寸为 20cm×10cm。翻车机房模型如图 4.30 所示。下部地坑因对外部起尘无显著影响,进行适当简化,简化为密闭无顶盒,尺寸同上部翻车机房,模型如图 4.31 所示。高度与翻车机底座高度相同。试验时,翻车机模型装入煤炭后,3 部分模型分别进行称重后,将翻车机房模型和下部地坑模型进行密封,以保证粉尘不从接缝处溢出。试验完成后,去除封闭材料后进行称重。翻车机作业模拟模型组装方式如图 4.32 所示。

4.6.2 试验方案

1. 堆料作业风洞模拟试验方案

堆料作业风洞模拟试验共分为 6 个步骤实施,分别为:

图 4.30　翻车机房模型(模型比例 1∶50)

图 4.31　地坑模型(模型比例 1∶50)

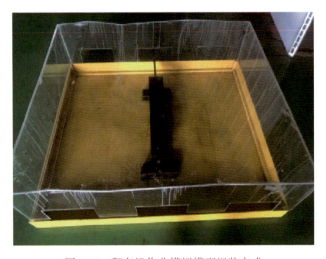

图 4.32　翻车机作业模拟模型组装方式

（1）清洁风洞，以降低系统干扰和减小误差。

（2）按要求配置试样，使之符合含水率要求。

（3）进行模型支架、辅助物及模型称重 M_{f0}，取一定质量 M_{c0}（本次试验为 6kg）配置好的试样放入堆料机模型。

（4）按来流风速 U 分别为 3m/s、5m/s、9m/s 进行试验，开启风机至试验风速，抽掉漏斗底板，实现试样堆料作业模拟。

（5）称量试验后的模型支架、辅助物、模型及试样总质量 M，计算起尘总量 $d_e=M_{c0}+M_{f0}-M$。

（6）按不同试验物料、含水率要求重复以上步骤。

堆料起尘与静置物料的起尘机理不同，它是垂直方向粉尘直接受到来自气流的冲量导致。物料的起尘量与单位时间内暴露于空气中的颗粒物表面积相关。

为实用方便定义 $\beta=d_e/Q_堆×100\%$ 为堆料起尘率，物理意义是堆料起尘总量占总堆料量的百分比。假设风洞和现场单位面积单位时间内的起尘率是一致的（这个假设在使用物料原型颗粒以及风速与现场相同的条件下近似满足）。d_e 和暴露于空气中物料流柱面积（落料高度、物料流柱直径）相关，$Q_堆$ 为卸料总量，与卸料体积相关。而 $d_e/Q_堆$ 是个无量纲量，因此试验所得 $d_e/Q_堆$ 应用到原型，需要做转换：

$$\frac{\beta_m}{\beta_p}=\frac{\left(\dfrac{d_e}{Q_堆}\right)_m}{\left(\dfrac{d_e}{Q_堆}\right)_p}=\frac{(d_e)_m}{(d_e)_p}\frac{Q_{堆p}}{Q_{堆m}}=\frac{1}{\lambda^2}\frac{\lambda^3}{1}=\lambda=50 \tag{4.18}$$

即现场堆料的起尘率只是实验中的 1/50。这是因为起尘量只与煤粉在空气中暴露的表面积有关，而不是直接与物料的总体积相关而导致。

2. 取料作业风洞模拟试验方案

取作业风洞模拟试验共分为 8 个步骤实施，分别为：

（1）清洁风洞，以降低系统干扰和减小误差。

（2）按要求配置试样，使之符合含水率要求。

（3）进行斗轮机模型及辅助物称重 M_{f0}，取一定质量 M_{c0} 试样堆置成料堆，将斗轮机模型置于料堆内。

（4）按来流风速 U 分别为 3m/s、5m/s、9m/s 进行试验，开启风机至试验风速,按原型相同角速度转动斗轮机进行取料作业模拟,试验时间为 5min(300s)。

(5)称量试验后的辅助物、模型及试样总重 M_1,计算起尘总量 $d_{e1}=M_{c0}+M_{f0}-M_1$。

(6)取同样质量 M_{c0} 试样堆置成料堆,将斗轮机模型置于料堆中,按来流风速 U 分别为 3m/s、5m/s、9m/s 开启风机至试验风速,不转动斗轮,试验时间 5min(300s)。

(7)称量试验后的辅助物、模型及试样总重 M_2,计算起尘总量 $d_{e2}=M_{c0}+M_{f0}-M_2$,则作业起尘总量 $d_e=d_{e1}-d_{e2}$。

(8)按不同试验物料、含水率要求重复以上步骤。

延续料堆起尘和堆料起尘的思路,认为风力作用到处于空中的煤粉颗粒表面时才能把动量传给粉尘,促使其偏离自由落体的轨道。也就是说,取料的起尘量与斗轮机带动粉尘过程中粉尘在空气中的暴露面积 S 有关。估算因斗轮旋转而导致的粉尘暴露面积 S 有相当的复杂性。斗轮中某个斗在离开料堆时不可避免地在侧边有挂带洒落现象,斗中粉尘在上升过程中同样有滑落现象,而最主要的起尘发生在斗中物料下落的过程中。为简化起见,假设斗轮最终形成的效果如同装堆时物料自由落体到料堆上一样,粉尘从斗轮最高高度 H 以斗轮的横向宽度 W 自由落体至皮带机上。这是一种比较简化的数学模型的估计。

为实用方便,定义 $\eta = d_e/Q_{取}\times100\%$ 为取料起尘率,物理意义是取料起尘总量占总取料量的百分比。假设风洞和现场单位面积单位时间内的起尘量是一致的(这个假设在使用物料原型颗粒以及风速与现场相同的条件下近似满足)。

根据相似比例,d_e 和暴露于空气中煤流柱的面积(落料高度、斗轮横向宽度)相关,$Q_{取}$ 为取料总量,与取料体积相关。而 $d_e/Q_{取}$ 是个无量纲量,因此试验所得 $d_e/Q_{取}$ 应用到原型,需要做转换:

$$\frac{\eta_m}{\eta_p} = \frac{\left(\dfrac{d_e}{Q_{取}}\right)_m}{\left(\dfrac{d_e}{Q_{取}}\right)_p} = \frac{(d_e)_m}{(d_e)_p}\frac{Q_{取p}}{Q_{取m}} = \frac{1}{\lambda^2}\frac{\lambda^3}{1} = \lambda = 50 \tag{4.19}$$

即现场取料的起尘率只是实验中的 1/50。这是因为起尘量只与物料在空气中暴露的表面积有关,而不是直接与物料的总体积相关而导致。

试验中对斗轮搅动物料的量 $Q_{取m}$ 的估计采用近似计算方法,斗轮的转动速度为 6r/min,小料斗容积为 49cm³,实际观测每个料斗转动时料斗装料率约 60%。以煤炭为例,吹蚀 5min 时间内的煤粉搅动量估算值为

49cm^3×8/r×6r/min×5min×0.6=7056cm^3≈7.06×10^{-3}m^3

或者折算到质量约为 4233g，密度取值 $0.6×10^3$kg/m^3。

用原型取料机额定取料能力 6000t/h，最大取料能力 6700t/h，按相似比(1∶50)推算，5min 取料机模型理论取料量为 4000～4467g。两种方法估算的取料量相一致。

3. 翻车作业风洞模拟试验方案

翻车作业风洞模拟试验共分为 7 个步骤实施，分别为：

(1)清洁风洞，以降低系统干扰和减小误差。

(2)按要求配置煤样，使之符合含水率要求。

(3)将翻车机房模型、翻车机模型、地坑模型分别进行称重，并计算出三个模型总质量 M_{f0}。

(4)将配置好的煤样装入翻车机模型刮平称重，得出装入的煤样质量 M_{c0}，将翻车机按原型相对应位置放置于地坑模型和翻车机房模型内部，对翻车机房模型和地坑模型对应接口处进行密封。

(5)按来流风速 U 分别为 3m/s、5m/s、9m/s 进行试验，开启风机至试验风速，控制翻车机长轴转动，实现翻车作业模拟。

(6)去除密封材料后，称量试验后模型及地坑模型内剩余煤炭总质量 M，计算起尘总量 $d_e=M_{c0}+M_{f0}-M$。

(7)按不同试验煤种、含水率要求重复以上步骤。

延续煤堆起尘和堆料起尘的思路，认为风力作用到处于空中的煤粉颗粒表面时才能把动量传给煤粉，促使其偏离自由落体的轨道。也就是说，翻车作业的起尘量与翻车机翻动煤炭落料、煤粉在空气中的暴露面积 S 有关。主要起尘发生在翻车机中的煤下落的过程中。为简化起见，假设翻车机最终形成的效果如同装堆时煤粉自由落体到煤堆上一样，煤粉从翻车机最高高度 H 以翻车机的横向宽度 W 自由落体至地坑内。这是一种比较简化的数学模型的估计。

为实用方便，定义 $\varepsilon = d_e/Q_翻×100\%$ 为翻车起尘率，物理意义是翻车起尘总量占总翻车作业量的百分比。假设单位面积单位时间内的起尘量对于风洞和现场是一致的(这个假设在使用煤粉原型颗粒以及风速与现场相同的条件下近似满足)。

根据相似比例，d_e 和暴露于空气中煤流截面积(落料高度、翻车机宽度)相关，$Q_翻$ 为翻车总量，与翻车体积相关。而 $d_e/Q_翻$ 是个无量纲量，因此试验所得 $d_e/Q_翻$ 应用到原型，需要做转换：

$$\frac{\xi_m}{\xi_p} = \frac{\left(\dfrac{d_e}{Q_{\text{翻}}}\right)_m}{\left(\dfrac{d_e}{Q_{\text{翻}}}\right)_p} = \frac{(d_e)_m}{(d_e)_p}\frac{Q_{\text{翻p}}}{Q_{\text{翻m}}} = \frac{1}{\lambda^2}\frac{\lambda^3}{1} = \lambda = 50 \tag{4.20}$$

即现场翻车的起尘率只是实验中的 1/50。这是因为翻车起尘量只与煤粉在空气中暴露的表面积有关，而不是直接与总体积相关而导致。

试验中单次两节翻车量 $Q_{\text{翻m}}$ 计算值为

$$2 \times 0.076\text{m} \times 0.064\text{m} \times 0.24\text{m} \times 0.56 \times 10^6\text{g}/\text{m}^3 \approx 1307.4\text{g}$$

通过原型 C80(80t)火车装煤量理论计算，模型单次两节车厢翻车作业量 $2 \times 80 \times 10^6\text{g} \div 50^3 = 1280\text{g}$，其中 50 为模型比例。两者计算所得结果一致。在实际试验中，实际试验值与理论计算值相当，该质量值在 1300～1470g 波动。

4.6.3 试验结果

1. 堆料作业风洞试验结果

表 4.15 给出了煤炭堆料作业风洞试验与现场对应起尘率数据。图 4.33 和图 4.34 给出了自然含水率状态下不同类型煤粉的堆料作业起尘率对比，不同含水率状态下不同类型煤粉的堆料作业起尘率对比和不同风速下自然含水率状态下澳矿的堆料作业起尘率对比。

表 4.15 煤炭堆料作业风洞试验起尘率

煤种	含水率类型	风速/(m/s)	试验起尘总量 d_e/g	折算到原型 $d_e/Q_{\text{翻}}$/‰
神优	自然含水率	3	14.0	0.47
		5	68.2	2.27
		9	929.0	30.97
	自然含水率+加湿 3%	3	9.1	0.30
		5	41.5	1.38
		9	538.8	17.96
外购	自然含水率	3	21.7	0.72
		5	60.9	2.03
		9	733.5	24.45
	自然含水率+加湿 3%	3	14.1	0.47
		5	37.2	1.24
		9	460.4	15.35

续表

煤种	含水率类型	风速/(m/s)	试验起尘量 d_c/g	折算到原型 $d_c/Q_堆$/‰
低灰	自然含水率	3	29.9	1.00
		5	64.7	2.16
		9	1045.0	34.83
	自然含水率+加湿 3%	3	18.2	0.61
		5	40.7	1.36
		9	690.2	23.01
澳矿	自然含水率	3	39.6	1.32
		5	117.6	3.92
		9	845.7	28.19

注：$Q_堆$为装卸堆料作业量。

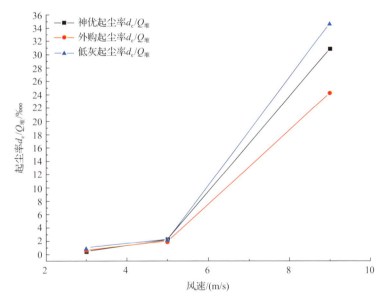

图 4.33　自然含水率状态下不同煤粉的堆料作业起尘率（利用原型的质量比方式表达）

从表 4.15、图 4.33 和图 4.34，可以得出以下结论：

（1）在低风速时（U=3m/s），堆料起尘率均很低，其中神优起尘率最低，为 0.47‰；外购起尘率居中，为 0.72‰；低灰起尘率最高，达到 1.00‰。神优与外购煤种之间的差距达到 0.53‰。

（2）在中风速时（U=5m/s），堆料起尘率三个煤种较为接近，均略大于 2‰，在 2.03‰～2.27‰。

（3）风速超过 5m/s 后，堆料起尘率随风速增加而显著增大。在高风速时

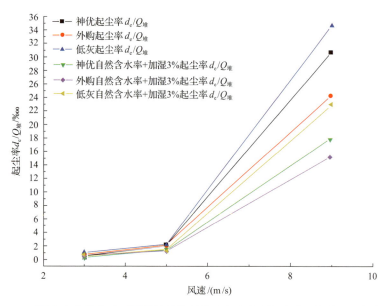

图 4.34　不同含水率状态下不同煤粉的堆料作业起尘率(利用原型的质量比方式表达)

(U=9m/s)，三个煤种中起尘率最高仍然为低灰，达到 34.83‰；外购起尘率最低，为 24.45‰。三个煤种的起尘率最大差距为 10.38‰。在该风速下如无防尘措施，堆料作业将会使大气颗粒物浓度明显提高，物料损失也不容小觑。

(4)增加煤炭含水率可以大幅降低堆料作业起尘量，三个煤种在不同风速下增加含水率的抑尘效果较为接近，抑尘率为 34%～42%。

从表 4.15 和图 4.35 可以得出以下结论：

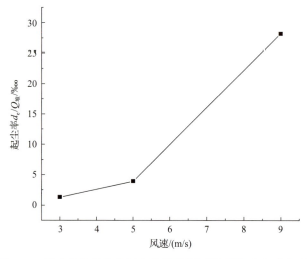

图 4.35　澳矿的堆料作业起尘率(利用原型的质量比方式表达)

澳矿在低风速、中风速、高风速时起尘率分别为 1.32‰、3.92‰ 和 28.19‰，在中低风速时矿石起尘率较煤炭略高，但在高风速时，起尘率比部分煤种高，比部分煤种低。

2. 取料作业风洞试验结果

表 4.16 给出了取料作业风洞试验与现场对应起尘率数据。图 4.36 给出了自然含水率状态下不同类型煤粉的取料作业起尘率对比。图 4.37 给出了不同含水率状态下不同类型煤粉的取料作业起尘率对比。

表 4.16 煤炭取料作业风洞试验起尘率

煤种	含水率类型	风速/(m/s)	试验起尘量 d_e/g	折算到原型 $d_e/Q_{取}$/‰
神优	自然含水率	3	6.9	0.34
		5	89.0	4.33
		9	1395.4	67.80
	自然含水率+加湿 3%	3	3.9	0.19
		5	65.8	3.20
		9	895.9	43.53
外购	自然含水率	3	8.3	0.40
		5	98.0	4.76
		9	1610.0	78.23
	自然含水率+加湿 3%	3	3.1	0.15
		5	72.1	3.50
		9	1230.8	59.81
低灰	自然含水率	3	5.4	0.26
		5	130.0	6.32
		9	1719.8	83.57
	自然含水率+加湿 3%	3	2.2	0.11
		5	99.7	4.84
		9	934.0	45.38

从表 4.16、图 4.36 和图 4.37 可以得出以下结论：

(1) 在低中风速时（U=3m/s），取料起尘率均很低，其中低灰起尘率最低，为 0.26‰；神优起尘率居中，为 0.34‰；外购起尘率最高，达到 0.40‰。

(2) 在中风速时（U=5m/s），神优和外购取料起尘率较为接近，分别为 4.33‰ 和 4.76‰；低灰起尘率最高，达到 6.32‰ 左右。

(3) 风速超过 5m/s 后，取料起尘率随风速增加而显著增大；在高风速时

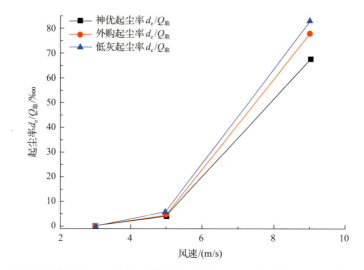

图 4.36　自然含水率状态下不同类型煤粉的取料作业起尘率(利用原型的质量比方式表达)

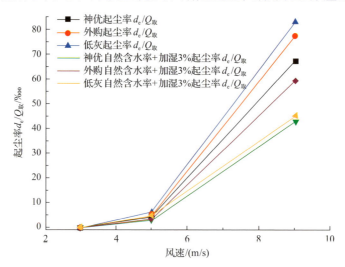

图 4.37　不同含水率状态下不同类型煤粉的取料作业起尘率(利用原型的质量比方式表达)

(U=9m/s)，煤种低灰对风速提升更为敏感。三个煤种中起尘率最高为低灰，达到了 83.57‰；神优起尘率最低，但其起尘率也达到了 67.80‰。在该风速下，如无防尘措施，取料作业将会明显提高大气颗粒物浓度，物料损失也不容小觑。

(4)对比取料作业和堆料作业起尘率，取料作业对风速增加比堆料作业更为敏感。在低风速(U=3m/s)取料作业起尘率与堆料作业起尘率接近，进入中高风速段(U≥5m/s)，取料作业起尘率达到堆料作业起尘率的 2～3 倍。

(5)增加煤炭含水率可以大幅降低取料作业起尘量，三个煤种在不同风速下增加含水率的抑尘效率跨度较大，抑尘率变化区间为 23.3%～62.7%。

3. 翻车作业风洞试验结果

表 4.17 给出了翻车作业风洞试验与现场对应起尘率数据。图 4.38 给出了自然含水率状态下不同类型煤粉的翻车作业起尘率对比。图 4.39 给出了不同含水率状态下不同类型煤粉的翻车作业起尘率对比。

表 4.17　煤炭翻车作业风洞试验起尘率

煤种	含水率类型	风速/(m/s)	试验起尘量 d_c/g	折算到原型 $d_c/Q_{翻}$/‰
神优	自然含水率	3	1.9	0.29
		5	4.8	0.74
		9	10.9	1.68
	自然含水率+加湿 3%	3	0.8	0.12
		5	2.0	0.31
		9	5.5	0.85
外购	自然含水率	3	2.8	0.43
		5	4.1	0.63
		9	9.3	1.43
	自然含水率+加湿 3%	3	1.5	0.23
		5	1.4	0.22
		9	3.3	0.51
低灰	自然含水率	3	3.4	0.52
		5	5.2	0.80
		9	12.2	1.88
	自然含水率+加湿 3%	3	1.6	0.25
		5	2.0	0.31
		9	5.8	0.89

从表 4.17、图 4.38 和图 4.39 可以看出以下结论：

(1) 翻车作业煤种低灰起尘率最大，低风速状态下起尘率为 0.52‰，高风速状态下起尘率为 1.88‰。

(2) 因为有封闭的翻车机房防护，翻车作业起尘率(指翻车机房外部)较低，甚至风速达到 9m/s 时，其最大起尘率不超过 2‰。在高风速状态下，翻车作业起尘率仅为堆料作业、取料作业的几十分之一至十几分之一。

(3) 翻车机房作业受风速影响基本呈线性增加趋势，在高风速阶段没有其他动态作业所显示的显著增大现象。

(4) 增加煤炭含水率可以大幅降低翻车作业起尘量，三种煤种不同风速下

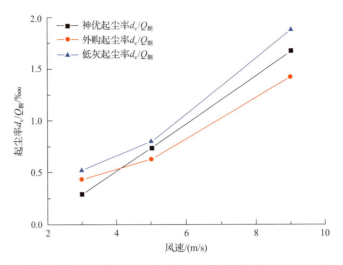

图 4.38　自然含水率状态下不同类型煤粉的翻车作业起尘率(利用原型的质量比方式表达)

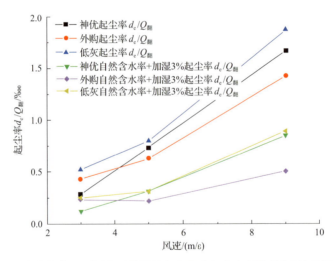

图 4.39　不同含水率状态下不同类型煤粉的翻车作业起尘率(利用原型的质量比方式表达)

抑尘率分布较为接近，自然含水率+加湿 3%后翻车作业抑尘率分布区间为46.4%～61.5%。

(5)考虑到本书试验状态为最不利风向，在实际翻车作业的起尘率应比试验状态更小。

4. 超高含水率动态作业起尘规律试验结论

1)取料作业

表 4.18 给出了超高含水率取料作业风洞试验与现场对应起尘率数据。试验

现场和数据拟合分别如图 4.40 和图 4.41 所示。

表 4.18　取料作业风洞试验起尘率(神优超高含水率)

煤种	含水率类型	风速/(m/s)	试验起尘总量 d_e/g	折算到原型 $d_e/Q_{取}$/‰
神优	超高含水率(14.3%)	3	12.2	0.59
		5	21.3	1.03
		9	96.7	4.70

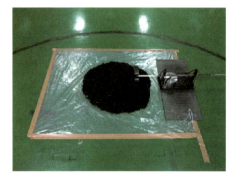

图 4.40　取料作业风洞试验现场图

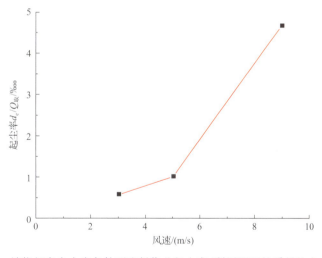

图 4.41　神优超高含水率条件下取料作业起尘率(利用原型的质量比方式表达)

因试验样品含水率较高,与静态堆存类似,每次试验状况下损失的质量不仅因为粉尘起尘,还包括部分物料表面水分流失。但由于煤堆减少的质量中水的质量和粉尘质量之比无法确定,只能将其作为试验误差处理。试验所得起尘率偏于保守,在实际推算现场起尘率时,可根据实际情况考虑该部分的放大因素。

从表 4.18 和图 4.41 可以得出以下结论:

在超高含水率状态下，取料起尘率均很低，在 3～9m/s 不同风速状态下，神优的起尘率为 0.59‰～4.70‰；在中风速时（U=5m/s），取料起尘率神优为 1.03‰，仅为自然含水率状态下的四分之一左右；风速超过 5m/s 后，取料起尘率随风速增加而显著增大；在高风速时（U=9m/s），神优的起尘率为 4.70‰，仅为自然含水率状态下的十四分之一左右，即在高风速状态下，超高含水率的抑尘效果更为显著。

2）翻车作业

表 4.19 给出了翻车作业风洞试验与现场对应起尘率数据。超高含水率状态下神优的翻车作业试验现场和起尘规律分别如图 4.42 和图 4.43 所示。

表 4.19   翻车作业风洞试验起尘率（神优超高含水率）

煤种	含水率类型	风速/(m/s)	试验起尘量 d_c/g	折算到原型 $d_c/Q_{翻}$/‰
神优	超高含水率(14.3%)	3	2.5	0.38
		5	3.1	0.47
		9	7.3	1.12

图 4.42   翻车作业风洞试验现场图（神优超高含水率）

因试验样品含水率较高，与静态堆存类似，每次翻车作业风洞试验状况下损失的质量不仅包括粉尘起尘，还包括部分物料表面水分流失。由于煤堆减少的质量中水的质量和粉尘质量之比无法确定，只能将其作为试验误差处理。因为翻车作业试验状态下质量总损失量本身较小，该三个风速的试验中质量最大损失仅为 7.3g，因高含水率状态导致的水分损失影响可能较大，因此高含水率的翻车作业风洞试验数据宜仅作为参考用。试验所得起尘率偏于保守，在实际推算现场起尘率时，可根据实际情况考虑该部分的放大因素。

从表 4.19 和图 4.43 可以得出以下结论：

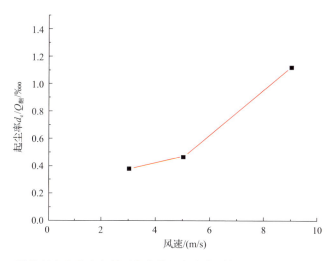

图 4.43　神优超高含水率条件下翻车作业起尘率(利用原型的质量比方式表达)

(1)在超高含水率状态下，翻车作业起尘率均很低，在 3~9m/s 不同风速状态下，神优的起尘率为 0.38‰~1.12‰。

(2)因有封闭的翻车机房防护，翻车作业翻车机房外部起尘率(指翻车机房外部)较低，甚至风速达到 9m/s 时，其最大起尘率也仅 1.12‰。

(3)自然含水率状态下的翻车作业对翻车机房外的粉尘影响较小，因此加强洒水取得的抑尘效果不如取料作业显著。但结合现场调研情况，翻车作业的洒水对翻车机房内部粉尘的抑尘效果较为显著，同时在翻车机房底部对煤炭加湿有助于后续作业的粉尘控制。

(4)但因试验样品含水率较高，每次风洞试验状况下损失的质量不仅包括粉尘起尘，还包括部分物料水分流失。但由于煤堆减少的质量中水的质量和粉尘质量之比无法确定，只能将其作为试验误差处理。因高含水率状态导致的水分损失对试验结果分析的影响较大，因此超高含水率探索性试验的数据宜仅作为参考用。

4.6.4　动态作业风洞研究小结

本章动态作业风洞试验对神优、外购和低灰三种煤炭样品和澳矿在堆料、取料、翻车、自然含水率、加湿含水率等不同工况的起尘进行了试验。主要取得以下结论：

(1)动态作业工况下，整体起尘率大小顺序为：取料作业＞堆料作业＞翻车作业，其中取料作业和堆料作业随着风速的增加，起尘率大幅增加，翻车作业由于翻车机房的防护作用，风速对作业的影响作用较小。

(2)对比取料作业和堆料作业起尘率，取料作业对风速增加比堆料作业更为敏感；在低风速($U=3m/s$)取料作业起尘率与堆料作业起尘率接近，进入中高风速段($U\geqslant5m/s$)，取料作业起尘率达到堆料作业起尘率的2～3倍。

(3)因为有封闭的翻车机房防护，翻车作业起尘率(指翻车机房外部)较低，甚至风速达到9m/s时，其最大起尘率不超过2‰。在高风速状态下，翻车作业起尘率仅为堆料作业、取料作业的几十分之一至十几分之一。

(4)增加物料含水率可以大幅降低装卸作业起尘量，三个煤种在不同风速下增加3%含水率的抑尘效率跨度较大，抑尘效率变化区间为23.3%～62.7%。

另外对超高含水率(外部水分＞13%)样品的探索性试验取得以下结论：

(1)取料作业起尘率均很低，在3～9m/s不同风速状态下，神优的起尘率为0.59‰～4.7‰；神优煤种的高含水率比自然含水率的起尘率显著降低，在高风速($U=9m/s$)仅为自然含水率状态下的十四分之一左右，即在高风速状态下，较高含水率的抑尘效果非常显著。

(2)在高含水率状态下，翻车作业起尘率均很低，在3～9m/s不同风速状态下，神优的起尘率为0.38‰～1.12‰。

(3)超高含水率(外部水分＞13%)样品的探索性试验中，因试验样品含水率较高，每次风洞试验状况下损失的质量不仅包括粉尘起尘，还包括部分物料水分流失。但由于煤堆减少的质量中水的质量和粉尘质量之比无法确定，只能将其作为试验误差处理。尤其翻车作业试验状态下质量总损失量较小，三个风速的试验中质量最大损失仅为7.3g，高含水率状态导致的水分损失对试验结果分析的影响可能较大，因此对于超高含水率状态下的探索性风洞试验数据宜仅作为参考用。

本节采用风洞试验方法对不同主要影响因素(含水量、粒径、风速、作业工艺等)对除尘效率的影响开展了研究，获得了煤炭、矿石典型作业环节含水率、风速与起尘率的模型关系，为后续粉尘控制系统研发奠定基础。同时，针对煤炭超高含水率情况，开展了创新性、探索性的模拟试验，为超高含水率起尘量测算提供参考依据。

4.7 本 章 小 结

本章系统介绍了近地表大气边界层风洞模拟试验理论技术、颗粒物迁移和模拟的机理等散货码头粉尘起尘风洞试验和基本理论，详细描述了利用风洞试验方法开展粒径含水率、风速、作业方式对除尘效率的影响研究，揭示了散货码头粉尘静态堆场和动态作业起尘规律，为后续实现散货码头粉尘精准智能控制奠定了数据和理论基础。

第 5 章　散货码头粉尘智能监测和溯源

本章主要针对起尘点的空间精确确定进行研究，利用综合粉尘监控技术、空间网格化技术、溯源技术和数据分析技术进行起尘点的空间确定，建立码头粉尘精准控制模型，为码头精准抑尘控制系统研发奠定算法基础。

起尘点的空间精确确定主要包括两部分：一方面，要实现散货码头的全域网格化监测，提供全场的面域监测数据；另一方面，利用全场的面域监测数据，利用溯源技术和数据分析技术进行全场起尘点排序，精准地找到重点起尘点以便开启相应的粉尘控制设备进行降尘。

5.1　散货码头粉尘全场区智能监测

散货码头的堆场和码头区域的全域监测一般有两种实现途径：一种是在堆场内大量布设监测点位；另一种是通过结合点位定量监测和面域定性监测扫描。为保障数据精度，第一种方法需要布设大量的监测点位，但在港口内因为作业要求，在堆场内部进行大量监测点位布置具有很大难度。本书中采用第二种方法（"1+N"方法），即利用 1 台面域扫描的设备提供全场粉尘浓度定性监测数据，再通过 N 个定点监测对面域定性监测进行定标，实现全域监测。

5.1.1　全场区浓度定性扫描

粉尘浓度定性面域扫描采用激光雷达粉尘污染物监测设备。激光雷达是一种新型的高技术手段，它能够大范围快速监测大气环境。其原理是依据大气对激光的各种物理效应，如消光、吸收、散射等，定量分析激光大气回波，从而进行大气环境探测。激光具有单色性好、高亮度、大功率、方向性高、相干性强等特点。其中高方向性、高亮度和高脉冲重复率使得激光能够实时且大范围地快速监测大气环境；激光的短脉冲使空间分辨率可达几米；良好的单色性使激光具有较强的高探测灵敏度。由激光雷达的探测数据可获得大气边界层的结构和时间演变特征、大气气溶胶（飘尘）消光系数垂直廓线和时间演变特征、云高度及多层云结构、大气能见度等信息，监控工业烟尘的排放以及研究它们的扩散规律，它对大气环境监测和大气科学研究都有着重要的意义，具有其他测量手段不可替代的优势。

激光雷达的工作原理(图 5.1)是：偏振激光器工作时发出的偏振激光输入扩束器进行扩束，扩束后向天空发射，激光被大气中的气溶胶所散射，气溶胶中的球形粒子的后向散射光将不改变激光的偏振方向，而非球形粒子的后向散射光将改变激光的偏振方向而形成与原激光偏振方向垂直的分量。来自球形和非球形粒子的后向散射回波信号由接收光学望远镜接收并通过分光棱镜将两个不同偏振方向的光分开，分别传递到两个探测器；光子计数卡按照光电脉冲信号从空间返回的时序做对位计数和累加处理，其结果存储到相应的数据存储单元；对采集到的两路信号，通过软件对采集到的信号进行计算得出回波的退偏振度，从而得出非球形粒子的空间分布廓线。可以利用其散射电磁辐射的退偏振信息，探测并区分球形和非球形粒子存在的比例。此外，也可以将两组信号求合，得到总的后向散射光强度分布。

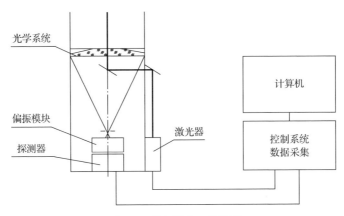

图 5.1　激光雷达工作原理

激光在大气介质中传输时，光被大气分子、气溶胶粒子散射或吸收，而激光雷达则接收大气中粒子的后向散射信号。激光雷达接收的信号依赖于大气中粒子的后向散射和消光因子，依赖于探测过程和雷达自身的系统参数。由此，雷达系统对信号的响应可以由雷达方程给出：

$$P_{(z)} = C \cdot O(z) \cdot P_0 \cdot Z^{-2} \cdot \beta(z) \cdot \exp\left[-2\int_0^z a(z)\mathrm{d}z\right] \tag{5.1}$$

式中

$P_{(z)}$——激光雷达接收到的回波信号功率，W；

P_0——激光发射光束的功率，W；

Z——探测距离，km；

C——激光雷达系统常数，$W \cdot km^3 \cdot Sr$；

$O(z)$——系统集合重叠因子；

$\beta(z)$——z 处大气中某种被探测组分的总后向散射系数，km^3/Sr；

$a(z)$——z 处大气总的消光系数，km^{-1}。

无论对大气气溶胶的测量，还是对痕量气体的探测，式(5.1)是一个基础方程。根据测量的内容和散射原理不同，该方程进行相应的变形即可适用于不同的测量参数。

激光雷达种类很多，根据测量对象的不同来分类，可由气溶胶廓线分布测量激光雷达，云、沙尘测量激光雷达，测温激光雷达，水汽测量激光雷达，痕量气体测量激光雷达，风廓线激光雷达等。国内外在气溶胶激光雷达方面均开展了大量的研究开发和应用工作。为获取一定的信噪比和测量范围，常规的米散射气溶胶激光雷达装置大都采用大功率的激光器作为光源，其能量一般为几十到几百毫焦耳，激光脉冲重复频率一般在几十赫兹。采用的接收望远镜口径较大(＞200mm)。信号的采集大多使用光电倍增管(PMT)、高压电源、宽带前放、高速 A/D 和多道分析仪等。因此，常规的激光雷达主要存在系统体积庞大、不易移动、系统集成化程度低，难以自动化运行，运行可靠性差、全天候运行成本高，以及大能量的激光脉冲对操作人员和地面人员的眼睛造成伤害等不足。由于上述原因，激光雷达应用和推广极大地被限制。近年来，激光雷达在往小型化、全自动、稳定运行方向发展，如有美国 Sigma 公司(前身为 SESI 公司)的微脉冲激光雷达、法国 CIMEL 公司研制的微脉冲激光雷达、中国科学院合肥物质科学研究院研制的多种功能的微脉冲激光雷达(MPL—T 型)等。这些激光雷达主要用于测量大气气溶胶(颗粒物)、云和沙尘。微脉冲激光雷达采用了低能量(微焦量级)、高重复频率的激光源，并使用光子计数技术，相对毫焦量级的激光雷达来说，系统的稳定性得到提高，无须专业人士操作。微脉冲技术具有如下特点：

(1)激光单脉冲能量低，一般可见光波段为 10μJ 左右。但无论其能量多大，最终都以激光整形扩束后发射的单位面积能量密度来判定。判定的依据是单位面积的能量密度达到无保护情况下人身安全的级别。

(2)探测技术光子计数技术。因单脉冲能量低，大气回波信号一般在几个光子每微秒的水平甚至更少，这样的信号强度要求探测器使用在量子噪声极限探测和采用光子计数技术。

(3)背景光抑制技术。通过压窄发射激光的发散角、在接收望远镜焦点处加微孔光缆以降低视场角，以及使用带宽为 2～3nm 的超窄带滤光片等措施有效地减少天空背景辐射，从而提高白天测量的信噪比，实现昼夜连续运转。

(4)系统优化匹配技术。在光学设计上采用几何信号压缩技术解决接收回波信号大动态范围的问题，以便与探测器的动态范围相匹配。

(5)模块化设计。单元器件的一致性和模块化对仪器的稳定性和系统数据的一致性是至关重要的。模块化设计使现场维修和标定成为可能。

激光雷达粉尘污染物监测设备是一种全自动、无环境电磁干扰的偏振－米散射激光雷达，用于探测云(云底、多层云)和大气气溶胶(悬浮颗粒物)垂直分布和时空演变特征、大气边界层的结构和时空演变特征、颗粒物(如 PM_{10}、$PM_{2.5}$ 等)的时空演变特征、大气能见度、水平污染物分布；识别沙尘、烟尘等非球形粒子(扬沙、沙尘暴监测)、生物及非生物型气溶胶粒子、雾、霾以及探测霾层厚度、分布。系统采用人眼安全的近红外激光探测技术，可静音、安全地实现全自动无人值守观测。在激光雷达粉尘污染物监测设备中一般通过消光系数和退偏振比来定性或半定量分析粉尘浓度。

1. 退偏振比

在空气中沙尘、扬尘、烟尘和大部分的干气溶胶粒子等，都是非球形粒子。雾滴、水云云滴等都是球形粒子。不同形状的粒子所散射的电磁波具有不同偏振特性，当入射光为线偏振光时，经球形粒子散射后其散射光偏振方向不变。而经非球形粒子散射后光的振动方向相对于入射光将发生偏转，即发生退偏振过程。因此，可以利用散射光的偏振信息来探测并区分球形和非球形粒子。当一束偏振激光束发射到大气中，对于球形粒子，其后向散射光的偏振方向与照射光相同，即没有发生退偏振现象，雷达方程式如式(5.2)所示。当偏振激光照射到非球形粒子后，其后向散射光的偏振方向将发生变化，产生了与发射光垂直的分量，即发生退偏振，可以用式(5.3)表示。

$$P_{rp}(r) = P_t k_p r^{-2} \beta_p(r) \exp\left[-2\int_0^r a_p(r')\mathrm{d}r'\right] \tag{5.2}$$

$$P_{rs}(r) = P_t k_s r^{-2} \beta_s(r) \exp\left\{-\int_0^r \left[a_p(r') + a_s(r')\right]\mathrm{d}r'\right\} \tag{5.3}$$

式中

下标 p、s——分别表示与发射激光偏振方向平行和垂直的两个方向；

P_t——激光发射功率，W；

$P_{rp}(r)$、$P_{rs}(r)$——分别为激光雷达接收到的在距离 r 处大气后向散射平行分量和垂直分量的回波功率，W；

k_p、k_s——分别是接收平行分量通道和垂直分量通道的雷达系统常数，W·km^3·Sr；

$\beta_p(r)$、$\beta_s(r)$——分别表示在距离 r 处大气后向散射系数的平行分量和垂直分量，km^3/Sr；

$a_p(r)$、$a_s(r)$——分别表示在距离 r 处大气消光系数的平行分量和垂直分量，km^{-1}。

激光雷达一般使用退偏振比 δ 来描述非球形粒子。偏振激光雷达探测的退偏振比 $\delta(r)$ 可由式(5.4)表示：

$$\delta(r) = \frac{P_{rs}(r) / k_s}{P_{rp}(r) / k_p} = \frac{\beta_s(r)}{\beta_p(r)} \exp\left\{\int_0^r \left[a_p(r') - a_s(r')\right]\mathrm{d}r'\right\} \tag{5.4}$$

一般情况下，$a_p(r) = a_s(r)$，所以式(5.4)可以写成式(5.5)：

$$\delta(r) = \frac{\beta_s(r)}{\beta_p(r)} = \frac{k_p}{k_s} \frac{P_{rs}(r)}{P_{rp}(r)} = k \frac{P_{rs}(r)}{P_{rp}(r)} \tag{5.5}$$

式中，$k = \dfrac{k_p}{k_s}$，这样通过分析雷达接收到的对应不同高度处两个通道的大气后向散射回波功率以及这两个通道的增益常数比 k，利用式(5.5)就可以获得大气退偏振比的垂直分布廓线 $\delta(r)$。

2. 消光系数

常用的计算消光系数的方法包括斜率法、近端法、远端法和 Fernald 法。水平探测情况下，一般采取斜率法求解大气气溶胶水平消光系数分布。对激光雷达方程做简单变化，设：

$$S(r) = \ln\left[r^2 P(r)\right] \tag{5.6}$$

则雷达方程变为

$$S - S_0 = \ln\frac{\beta}{\beta_0} - \int_0^r \sigma \mathrm{d}r' \tag{5.7}$$

两边取微分，则方程变为

$$\frac{\mathrm{d}S}{\mathrm{d}r} = \frac{1}{\beta}\frac{\mathrm{d}\beta}{\mathrm{d}r} - 2\sigma \tag{5.8}$$

对于均匀大气而言，$d\beta/dr = 0$，消光系数则可以表示成：

$$\sigma_{\text{hom}} = -\frac{1}{2}\frac{dS}{dr} \tag{5.9}$$

式(5.6)~式(5.9)中

$\quad$ r——探测距离；

$\quad$ $S(r)$——大气气溶胶水平消光系数分布；

$\quad$ $P(r)$——激光雷达接收到的回波信号功率；

$\quad$ S——消光系数；

$\quad$ S_0——发射激光束的消光系数；

$\quad$ β——散射系数；

$\quad$ β_0——发射激光束的散射系数；

$\quad$ σ——激光雷达的系统常数。

对非均匀大气而言，把探测的路径分割为许多连续的小段，并假定每个小段距离内大气是相对均匀的，这样每一段距离上连续地应用斜率法就可以得到非均匀大气条件下较为合理的消光系数分布结果。消光系数与可吸入颗粒物浓度的关系可以通过两种方式求解，可以利用能见度传感器与激光雷达加入湿度，利用根据本地能见度和 PM_{10} 数据相关性而得到的，相关性只在相对湿度最高 92% 的条件下有效。高相对湿度将导致可吸入颗粒物浓度的演算增加极强的不确定性。另外，雾及降水天气也将增加演算的不确定性。另外也可以利用消光系数与颗粒物浓度存在如式(5.10)所示正相关的关系，将测量点的消光系数与实测颗粒物浓度进行线性拟合可以得到两者的关系：

$$\rho(PM_{10}) - A\sigma_{\text{hom}}^{B} \tag{5.10}$$

式中

$\quad$ $\rho(PM_{10})$——测量点 PM_{10} 的浓度值，$\mu g/m^3$；

$\quad$ σ_{hom}——消光系数，km^{-1}；

$\quad$ A、B——拟合系数，均由实测数据求得。

激光雷达对全场进行扫描后，获得全场颗粒物浓度的定性扫描数据，通过场内 N 个监测点位的数据对其进行定标。

5.1.2　定标点位监测方法

定点监测采用的颗粒物自动监测仪器从原理上可分为微量振荡天平法、β

射线吸收法和光散射法三种。

1. 微量振荡天平法

在质量传感器内使用一个振荡空心锥形管，在其振荡端安装可更换的滤膜，振荡频率取决于锥形管特征和其质量。当采样气流通过滤膜，其中的颗粒物沉积在滤膜上，滤膜的质量变化导致振荡频率的变化，通过振荡频率变化计算出沉积在滤膜上颗粒物的质量，再根据流量、现场环境温度和气压计算出该时段颗粒物的质量浓度。微量振荡天平法（TEOM）颗粒物监测仪由采样头、切割器、滤膜动态测量系统、采样泵和仪器主机组成，如图 5.2 所示。样品随后进入配置有滤膜动态测量系统（FDMS）的微量振荡天平法监测仪主机，在主机中测量样品质量的微量振荡天平传感器主要部件是一支一端固定，另一端装有滤膜的空心锥形管，样品气流通过滤膜，颗粒物被收集在滤膜上。在工作时空心锥形管是处于往复振荡的状态，它的振荡频率会随着滤膜上收集的颗粒物质量变化而发生变化，仪器通过准确测量频率的变化得到采集到的颗粒物质量，然后根据收集这些颗粒物时采集的样品体积计算得出样品的浓度。

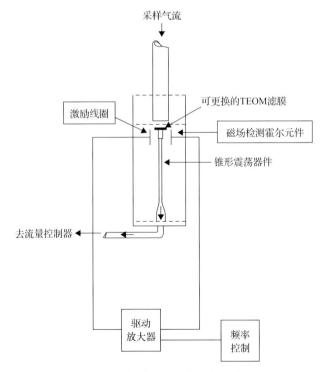

图 5.2 微量振荡天平法仪器的工作原理

93

2. β射线吸收法

利用β射线衰减的原理,环境空气由采样泵吸入采样管,经过滤膜后排出,颗粒物沉淀在滤膜上,当β射线通过沉积着颗粒物的滤膜时,β射线的能量衰减,通过测定衰减量便可计算出颗粒物的浓度。β射线法颗粒物监测仪由采样头、切割器、样品动态加热系统、采样泵和仪器主机组成,如图5.3所示。在样品动态加热系统中,样品气体的相对湿度被调整到35%RH(RH为相对湿度的单位)以下,样品进入仪器主机后颗粒物被收集在可以自动更换的滤膜上。在仪器中滤膜的两侧分别设置了β射线源和β射线检测器。随着样品采集的进行,在滤膜上收集的颗粒物越来越多,颗粒物质量也随之增加,此时β射线检测器检测到的β射线强度会相应地减弱。由于β射线检测器的输出信号能直接反映颗粒物的质量变化,仪器通过分析β射线检测器的颗粒物质量数值,结合相同时段内采集的样品体积,最终得出采样时段的颗粒物浓度。部分仪器在β射

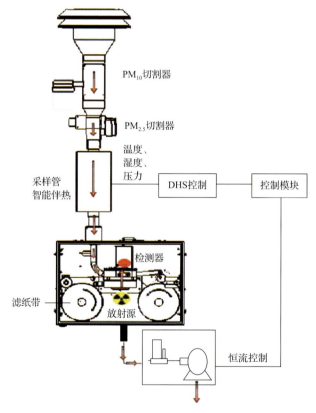

图5.3　β射线吸收法仪器的工作原理图

线法的基础上，融合光散射法快速响应的特点，研发出 β 射线+光散射融合的颗粒物监测仪。

3. 光散射法

粉尘颗粒受到光照时，会向各个方向发射出不同强度的光，称之为散射。散射光的强度与颗粒物的浓度、粒径以及光源波长强度等因素有密切关系。在颗粒物粒径分布稳定、光源波长以及强度稳定的条件下，散射光的强度与颗粒物的浓度呈线性关系。光散射法可同时测量多种粒径的颗粒物，避免了颗粒物浓度倒挂的问题，且无样品的富集过程减少了滤膜滤纸带等日常消耗。光散射法受颗粒物组分和水分干扰很大，单一波长的光散射法仪器基本用于车间粉尘、煤粉等组分和环境条件单一的监测中。近年来，市场出现多波长、宽光谱的光散射原理仪器，并通过了美国 EPA 和德国 TUV 的认证，并在国家空气质量监测网中得到应用。

5.1.3 监测点位布设原则

1. 激光雷达点位布设原则

(1)为避免遮挡，应尽可能选择监测区域的最高点设置激光雷达点位，尽可能选择可以覆盖全场的点位，减少扫描盲区。

(2)点位应具备供电、网络等条件，尽可能选择受气象、环境影响小及设备维护方便的点位。

2. 粉尘在线监测仪点位布设原则

(1)监测点位个数与监测面积和物料种类相关。

(2)厂界监测点的设置应满足环保部门关于环境空气质量监测的需求，符合《环境空气质量标准》(GB 3095—2012)、《环境空气颗粒物(PM_{10} 和 $PM_{2.5}$)连续自动监测系统安装和验收技术规范》(HJ 655—2013)的相关要求，厂界监测点粉尘在线监测仪的分析方法应选择微量振荡天平法或 β 射线法。

(3)港区内监测点位设置宜选择在码头主要装卸作业点、主要的车辆出入口和散货堆场。监测点位应设置在码头主导风向(一般采用污染最严重季节的主导风向)的下风向浓度最高点。

(4)监测点位应避免干扰因素。如主要装卸点作业时有喷水作业的，监测点位设置时应避开喷水的影响。监测点设置在堆场边界的，若堆场边界设有围挡或防风抑尘网，监测点通常设于围挡外任意可能浓度最高点处，亦可设于车辆出入口或围挡开口处，无围挡堆场监测点可设于边界外任意可能浓度最高点处。当与其他装卸易产生粉尘污染货种的码头相邻时，应避免在相邻边界处设置监测点。在监测点周围，不应有阻碍环境空气流通的高大建筑物、树木或其他障碍物。从监测系统采样口到附近最高障碍物之间的水平距离，至少应为该障碍物高出采样口垂直距离的两倍以上。

(5)遵循地方环保主管部门的其他特殊要求。

5.1.4 全场网格化浓度获取

对监控区域进行网格化划分，将监控区域划分为 M 个网格。一般为了与后续抑尘设备进行智能联控，进行网格划分时要考虑控尘设备的分布。以监控区域控尘设备为固定式喷枪站为例，如喷枪站可实行单控或者双控，划分的网格尽可能与每个或每对喷枪站的喷淋覆盖区域重叠。利用安装高度为 H 处的激光雷达对堆场进行全区域进行水平扫描，以获取均布于堆场内 M 个点位的消光系数 $E=\{E_1,E_2,\cdots,E_i,\cdots,E_M\}$ 和退偏振比 $\delta=\{\delta_1,\delta_2,\cdots,\delta_i,\cdots,\delta_M\}$。同时，利用均布安装在监控区域内的多台粉尘在线监测仪获取堆场内 N 个点位的粉尘浓度数据 TSP、PM$_{10}$、PM$_{2.5}$ 的质量浓度 $P=\{P_1,P_2,\cdots,P_i,\cdots,P_N\}$，$M\gg N$；通过用相同位置的粉尘浓度数据 P_i 与激光雷达在该点位的消光系数 E_i 及退偏振比 δ 的函数 $G(E_i,\delta_i)$ 进行对标，获得 P_i 和 G_i 的比例关系 k，计算 k 与 G 乘积，获得高度为 H 的平面上粉尘浓度的全域时空分布 $C=kG=\{kG_1,kG_2,\cdots,kG_i,\cdots,kG_M\}$。

5.2 散货码头粉尘精准溯源

粉尘监测与智能控制联动的核心是要精准定位起尘区域，污染的源头追踪一直是学术界研究的重点，通过对粉尘污染的溯源，找到真正造成污染的元凶，科学、有针对性、有的放矢地从源头治理粉尘污染。现阶段主要的细颗粒物的溯源方法主要有三种方法，其中包括源排放清单法、受体模型法和扩散模型法。

(1)源排放清单法。顾名思义就是要获取监测区域所有污染源的排放数据。整个方法结果简单明了，但主要问题在污染源清单的获取和数据库的创建中，由于监测区域空气污染物的开放性，使得前期排放清单的获取难度过大，数据不够完全(外来污染物的扩散)，另外由于活动水平资料的不全面，排放因子难以确定，使得准确的数据库创建难度过大。

(2)受体模型法。该法主要应用监测点的监测信息，通过物理化学计算模型反推出细颗粒物的主要来源。受体模型法是应用较早的源分析方法，而且是现阶段国内外在科学研究方面应用较多的分析方法。但受体模型方法并不适用于快速溯源过程。

(3)扩散模型法。该法是基于监测数据与气象学空气模型把污染物在空气中的扩散，物理化学变化通过数学模型的方式创建出来，通过监测点的贡献值大小来判断主要污染源。第一，扩散模型法不仅可以获取到监测点位的污染源解析情况，并且可以获取整个监测范围内的污染物扩散情况。第二，因为还原了整个监测空间污染物的扩散过程，所以可以分辨出本地和外来污染源。第三，通过还原出的扩散模型对粉尘污染控制具有指导意义。

因此，该系统提出了基于高斯过程回归反推模型的散货码头粉尘溯源计算方法，在考虑到细颗粒物空气动力学特性、系统感知数据非线性、不稳定、小样本的特征，利用基于差分进化算子改进的粒子群优化算法对高斯过程回归模型协方差函数的超参数进行优化，提高参数的准确度，实现在线系统对粉尘空间分布和未来变化态势的准确预测。

浓度反推法是利用污染物在大气中的输送扩散模式，由实测的浓度值反推出污染物的产生量或排放量的一种方法。该方法以高斯扩散模式为理论基础，高斯扩散模式是目前应用最广泛、验证最充分、拓展最深入的大气污染物扩散模式。其核心思想是大气污染物沿风向传输的过程中，在垂直与水平方向上均服从高斯统计分布。根据高斯模式的基本形式，在有风气象条件下，面源下风向地面污染物浓度可按式(5.11)计算：

$$C = \frac{Q}{2\pi U (\sigma_y^2 + \sigma_{y0}^2)^{0.5} \sigma_z} \exp\left[-\frac{Y^2}{2(\sigma_y^2 + \sigma_{y0}^2)}\right]\left[2\exp\left(-\frac{H_e^2}{2\sigma_z^2}\right)\right] \tag{5.11}$$

式中

Q——污染物的产生量或排放量，mg/s；

C——污染物地面浓度，mg/m³；

Y——地面浓度点与通过污染源的平均风向轴线在水平面上的垂直距离，m；

U——污染源排放高度处的平均风速，m/s；

σ_y——垂直于平均风向的水平横向扩散参数，m；

σ_{y0}——初始化横向扩散参数，m，可取值为$L_y/4$，L_y为无组织源在y方向的长度；

σ_z——垂直扩散参数，m；

H_e——无组织污染源有效高度，m。

扩散参数 σ_y、σ_z 可分别表达为

$$\sigma_y = \gamma_1 X^{a_1}, \quad \sigma_z = \gamma_2 X^{a_2} \tag{5.12}$$

式中

a_1——横向扩散参数回归指数；

a_2——垂直扩散参数回归指数；

γ_1——横向扩散参数回归系数；

γ_2——垂向扩散参数回归系数；

X——距大气污染源下风方向水平距离，m。

对式(5.12)进行反推，即以浓度 C 为自变量，污染物排放量为应变量；同时，认为浓度 C 均在平均风向轴线上，即 $y=0$。得到高斯反推模式如式(5.13)所示：

$$Q = C\pi U(\sigma_y^2 + \sigma_{y0}^2)^{0.5}\sigma_z \exp\left(\frac{H_e^2}{2\sigma_z^2}\right) \tag{5.13}$$

开发的底层算法逻辑如下：

(1)利用安装高度为 H 处的激光雷达对堆场进行全区域进行水平扫描，以获取均布于堆场内 N 个点位的消光系数 $E=\{E_1, E_2, \cdots, E_i, \cdots, E_N\}$，同时，利用均布安装在堆场内的多台粉尘在线监测仪获取堆场内 M 个点位的粉尘浓度数据 TSP、PM_{10}、$PM_{2.5}$ 的质量浓度 $P=\{P_1, P_2, \cdots, P_i, \cdots, P_M\}$，$N \gg M$；通过用相同位置的粉尘浓度数据 P_i 与激光雷达在该点位的消光系数 E_i 进行对标，获得 P_i 和 E_i 的比例关系 k，计算 k 与 E 乘积，获得高度为 H 的平面上粉尘浓度的全域时空分布 $A=kE=\{kE_1, kE_2, \cdots, kE_i, \cdots, kE_N\}$。

在该步骤中，激光雷达全场扫描后不仅能够获取全场的消光系数 E，还能获取全场的粉尘浓度数据结果 P_{ld}，但是根据经验，E 的准确性为 100%，但 P_{ld} 的准确性不到 80%；而单独使用粉尘在线监测仪只能获得场内有限个点位的粉尘浓度 P，无法获得全场的粉尘浓度分布。因此，基于同一个点位的消光系数 E_i 和粉尘浓度 P_i 具有相关性的规律，采用激光雷达全场扫描后获取的全场消光系数 E，再利用粉尘在线监测仪测得场内某点的 P_i，将该点的 P_i 和 E_i 进行对标，获得 P_i 和 E_i 的比例关系 k，进而通过计算全场的消光系数 E 与 k 的乘积得到全场高准确性的 P，即全场的粉尘浓度分布。

(2)喷淋系统内的喷淋头均布在堆场内，按照每 2～3 个喷淋头的控制范围作为一个网格单位的原则，将高度为 H 的平面划分为 N 个网格；根据每个网格内若干个点位处的粉尘浓度数据(TSP、PM_{10} 或 $PM_{2.5}$)的质量浓度计算出各网格的平均粉尘浓度 $C=\{C_1, C_2, \cdots, C_j, \cdots, C_N\}$。

(3)设定平均粉尘浓度临界值 P_0 和起尘量贡献率临界值 T_0，并依此判断每个网格的平均粉尘浓度是否达到启动相应网格内喷淋头实施喷水的阈值。

(4)当各个网格的平均粉尘浓度 C_j 均不超过平均粉尘浓度临界值 P_0 时，不启动该网格内喷淋头；而当任一网格的平均粉尘浓度 C_j 超过平均粉尘浓度临界值 P_0 时，则进入下一步骤。

(5)根据公式：$T_j = \dfrac{Q_j}{Q_1 + Q_2 + \cdots + Q_n} \times 100\%$，计算各个网格起尘量贡献率 T_j，并进入下一步骤。其中，在上述公式中，Q 表示单个网格内的起尘量，g，$Q=\{Q_1, Q_2, \cdots, Q_j, \cdots, Q_N\}$；每个网格内的起尘量 Q_j 通过以下方程组求解得到：

$$
\begin{cases}
C_1 = K_{11}Q_1 + K_{12}Q_2 + \cdots + K_{1N}Q_N \\
C_2 = K_{21}Q_1 + K_{22}Q_2 + \cdots + K_{2N}Q_N \\
\quad\vdots \\
C_j = K_{j1}Q_1 + K_{j2}Q_2 + \cdots + K_{jN}Q_N \\
\quad\vdots \\
C_N = K_{N1}Q_1 + K_{N2}Q_2 + \cdots + K_{NN}Q_N
\end{cases}
\tag{5.14}
$$

式中，K 为粉尘浓度系数，$K = \dfrac{1+\alpha_i}{2\pi u \sigma_y \sigma_z} \exp\left(-\dfrac{y^2}{2\sigma_y^2}\right) \exp\left(-\dfrac{H^2}{2\sigma_z^2}\right)$，其中，$\alpha_i$ 为粉尘的地面反射系数，u 为堆场平均风速(m/s)，H 为激光雷达高度(m)，σ_y 为粉尘在水平方向上的扩散系数，σ_z 为粉尘在垂直方向上的扩散系数，y 为平均风向轴线在水平面上两个网格中心点的垂直距离(m)，α_i、σ_y 和 σ_z 通过《环境影响评价技术导则　大气环境》(HJ 2.2—2018)规定的计算方法获得。

(6)当各个网格的起尘量贡献率 T_j 均不超过起尘量贡献率临界值 T_0 时，不启动该网格内喷淋头，并进入下一步骤；而当任一网格的起尘量贡献率 T_j 超过起尘量贡献率临界值 T_0 时，则启动超过起尘量贡献率临界值 T_0 的对应网格内的喷淋头对其网格区域进行喷淋降尘。

(7)按照预设的间隔时间 t，重复步骤(1)～(3)，实现对散货堆场粉尘进行持续的精细化控制。

5.3 本章小结

本章介绍了利用电位定量监测和面域定性监测扫描实现散货码头全场区智能监测的理论和方法。在此基础上，利用高斯浓度反推法获得全场起尘量排序，精准确定重点起尘点，建立港口粉尘精准控制模型，为散货码头精准抑尘控制系统研发奠定了算法基础。

第6章　散货码头粉尘智能监测与控制系统

本章以张家港粉尘在线监测与智能控制系统为例，介绍散货码头粉尘智能监测与精准控制的应用情况。该系统位于张家港港务集团港盛分公司。港盛分公司创立于 1992 年，是张家港港务集团有限公司所属分公司，主要从事煤炭、矿石等大宗散货中转装卸、储存业务。该公司总资产 2.5 亿元，拥有专业化、现代化的散货码头设施，其中 7 万吨级深水泊位 2 个，万吨级长江装船泊位 1 个，内河港池装船泊位 6 个。该公司拥有各类大型装卸机械设备 70 余台，装卸工艺流程达 56 条，装卸流程作业采用最先进的工业以太网技术和人机界面操作系统，配以现场作业视频监控系统，实行中央控制室集中自动监控。该公司拥有堆场 15.1 万 m²，堆存能力达 60 万～90 万 t，年吞吐量逾 1500 万 t，矿石平均装卸效率可超 1300t/h，煤炭平均装卸效率可超 1000t/h，昼夜吞吐量可超 9 万 t。

6.1　散货码头粉尘智能监测与控制系统总体设计

6.1.1　需求分析

该系统要求粉尘智能化监测方案能实时反映码头区域粉尘浓度及其分布情况，同时要求尽可能不使用堆场内大量布点的实施方案。系统主要通过气象传感器、粉尘雷达监控设备、其他在线粉尘监控设备进行数据采集，智能计算判定粉尘控制设备(如喷枪、底仓加湿等)作业时间、作业强度，解决原来粉尘控制设备使用不科学、不合理的问题。

系统中由粉尘雷达和其他粉尘监控设备完成整个区域的网格化粉尘浓度监测，由粉尘雷达实现浓度场扫描，粉尘在线监控设备完成粉尘浓度定标，结合气象(风速、风向)信息，通过后台计算高斯反推模型计算出整个区域的网格化源强，排序得出每个计算步长内需采取抑尘措施的具体网格，并对相关网格内的粉尘控制设施发出相关作业指令，达到科学预警、智能精准控尘、节约水电资源的目的。

6.1.2　系统架构

系统设计出了"1+1+N"粉尘智能监测方案。"1+1+N"方案指的是 1 套激光雷达粉尘监测设备，配合 1 套用于场界监测的 β 射线法粉尘监测仪，再加上 N 套场内布设的光散射法粉尘监测仪。其中，1 套激光雷达设备通过激光与颗粒物和气态分子相互作用后产生散射光来获取不同高度处污染物的浓度分布信息，再利用场界的 1 套 β 射线法粉尘监测仪和 N 套场内分布的光散射法设备进行浓度标定。由于激光雷达粉尘监测设备对粉尘的测定是定性/半定量的，因此需要粉尘监测仪进行定点标定。通过"1+1+N"组合，可满足实时反映码头区域粉尘浓度及其分布情况的需求。

粉尘智能监测与控制系统架构如图 6.1 所示。系统架构主要由三部分内容组成：粉尘智能监测、粉尘精准控制运算模型和粉尘智能控制系统。

(1)粉尘智能监测是通过"1+1+N"监测系统实现的，其中激光雷达粉尘监测系统用于区域监测，β 射线法粉尘浓度监测仪用于场界监测，光散射法用于场内分散点位监测。β 射线法和光散射法仪器共同用于激光雷达的定量化标定。该套监测系统能够实现港口区域监测的全覆盖效果。

(2)粉尘精准控制运算模型是通过智能统计划定网格区域内加权粉尘浓度，利用高斯扩散模式的反推模式计算得到无组织排放源的源强，根据矩阵模型得到每个网格源强对检测浓度高值点位的贡献率，通过对比网格矩阵对该次污染过程的贡献率大小实现高排放的智能识别。

(3)粉尘智能控制系统是基于粉尘精准控制运算模型开发出的智能联动控制软件，可联动二级泵房、控制泵房，通过生产指挥中心智能控制堆场喷枪，实现粉尘智能控制，通过监测数据实现粉尘超标预警。

6.1.3 技术路线

系统构建按照以下原则：建立快速稳定的数据传输通道，保证数据信息的实时性和准确性。建立积木式分级系统结构，保证系统能够高度可靠地实施和运行。系统为开放式设计，如果系统后期需要增设监测网点，系统可以平稳置换而不需重复投入大量资金。在保障气象数据和浓度测量功能的基础上，优化系统，降低系统费用。

系统的设计严密结合港口的调度作业流程、物料流通流程及机械作业流程等，将各流程进行业务整合，综合气象监测系统的数据、网格化浓度监测数据等进行除尘设备的智能决策，给出除尘设备科学的开启预警及控制。

在系统的设计及流程规划阶段，首先要进行现场的调研及资料的收集与分析，在此基础上进行各个部分及子系统的设计，进而完成系统的开发与调试、系统的安装部署与试运行等。系统设计具体思路如图 6.2 所示。

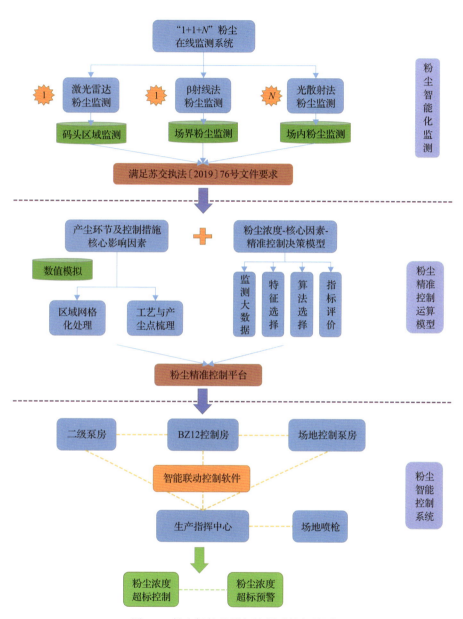

图 6.1 粉尘智能监测与控制系统架构图

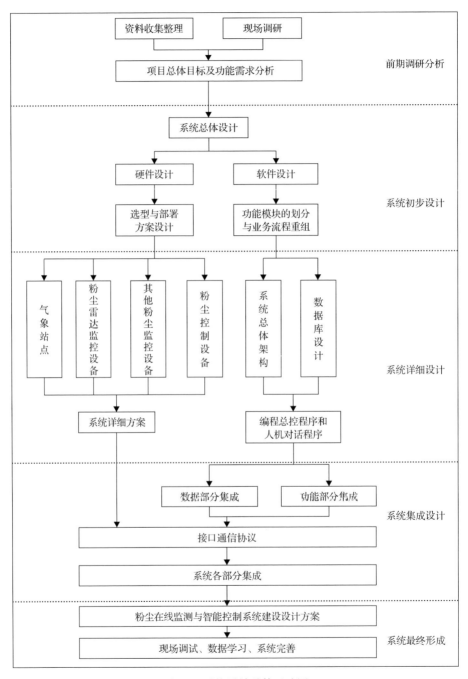

图 6.2　系统设计总体思路图

6.1.4 实施步骤

通过"1+1+N"的系统建设，实现了港盛分公司港区的粉尘面域的智能监测。"1+1+N"粉尘监测结果显示的是实时点位结果，而该项目港口的喷淋设备控制的是一片区域，因此，该系统针对性地开发了智能监测与智能联动控制的底层算法。其实施步骤如下。

(1)在监测系统安装之前，需对港口现有的喷淋系统进行调研，了解其每个喷头的控制区域范围，将其落入网格图中。

(2)根据喷淋的控制区域范围，划分监测系统的监测网格片区。

(3)粉尘雷达设定为对每个监测网格进行监测，智能统计每个网格区域内加权粉尘浓度。

(4)根据网格区的平均粉尘浓度分布情况，结合气象数据进行起尘区域溯源，精准溯源每个网格的起尘情况。

(5)根据溯源结果实现喷淋设备的智能控制。

实施过程中，为了更准确地划分区域网格，该系统对现场 129 个喷枪点位进行了 GPS 坐标点位的测量与统计。统计结果如表 6.1 所示。

表 6.1 港盛分公司喷淋点位 GPS 坐标统计表

喷淋控制线路	喷淋点位	纬度(N)	经度(E)
喷淋控制线路 NO.1(9 个点)	A01	31°58′01.75″	120°23′26.46″
	A03	31°58′00.80″	120°23′26.46″
	A05	31°57′59.60″	120°23′23.57″
	A07	31°57′58.31″	120°23′26.69″
	A09	31°57′57.16″	120°23′26.70″
	A11	31°57′56.04″	120°23′26.73″
	A13	31°57′55.00″	120°23′26.83″
	A15	31°57′53.76″	120°23′26.93″
	A17	31°57′52.38″	120°23′27.04″
喷淋控制线路 NO.2(9 个点)	A02	31°58′02.26″	120°23′25.12″
	A04	31°58′01.06″	120°23′25.21″
	A06	31°57′59.92″	120°23′25.25″
	A08	31°57′58.74″	12023′25.30″
	A10	31°57′57.61″	12023′25.38″
	A12	31°57′56.54″	120°23′25.47″

喷淋控制线路	喷淋点位	纬度(N)	经度(E)
喷淋控制线路 NO.2（9 个点）	A14	31°57′55.41″	120°23′25.57″
	A16	31°57′54.24″	120°23′25.63″
	A18	31°57′53.10″	120°23′25.70″
喷淋控制线路 NO.3（11 个点）	G61	31°58′03.28″	120°23′22.77″
	G62	31°58′03.34″	120°23′23.88″
	B19	31°58′02.18″	120°23′24.80″
	B21	31°58′01.02″	120°23′24.87″
	B23	31°57′59.87″	120°23′24.94″
	B25	31°57′58.78″	120°23′25.02″
	B27	31°57′57.64″	120°23′25.11″
	B29	31°57′56.52″	120°23′25.70″
	B31	31°57′55.35″	120°23′25.14″
	B33	31°57′54.21″	120°23′25.18″
	B35	31°57′53.08″	120°23′25.32″
喷淋控制线路 NO.4（10 个点）	B20	31°58′02.11″	120°23′22.87″
	B22	31°58′02.11″	120°23′22.95″
	B24	31°57′59.77″	120°23′23.06″
	B26	31°57′58.63″	120°23′23.16″
	B28	31°57′56.44″	120°23′23.16″
	B30	31°57′56.43″	120°23′23.27″
	B32	31°57′59.25″	120°23′23.28″
	B34	31°57′54.09″	120°23′23.36″
	B36	31°57′52.99″	120°23′23.43″
	B38	31°57′51.63″	120°23′23.51″
喷淋控制线路 NO.5（9 个点）	C39	31°57′59.78″	120°23′22.67″
	C41	31°57′58.57″	120°23′22.79″
	C43	31°57′57.51″	120°23′22.85″
	C45	31°57′56.30″	120°23′22.79″
	C47	31°57′55.18″	120°23′22.94″
	C49	31°57′54.09″	120°23′22.98″
	C51	31°57′52.95″	120°23′23.07″
	C53	31°57′51.63″	120°23′23.32″
	C55	31°58′00.89″	120°23′22.52″

续表

喷淋控制线路	喷淋点位	纬度(N)	经度(E)
喷淋控制线路 NO.6(13 个点)	C40	31°58′00.81″	120°23′21.12″
	C42	31°57′59.75″	120°23′21.18″
	C44	31°57′58.56″	120°23′21.19″
	C46	31°57′57.41″	120°23′21.34″
	C48	31°57′56.29″	12023′21.30″
	C50	31°57′55.08″	120°23′21.38″
	C52	31°57′53.95″	12023′21.44″
	C54	31°57′52.81″	120°23′21.57″
	C56	31°57′51.41″	120°23′21.44″
	C57	31°57′50.37″	120°23′20.58″
	D58	31°57′59.72″	120°23′21.08″
	D59	31°58′01.69″	120°23′20.70″
	D60	31°58′02.23″	120°23′21.10″
喷淋控制线路 NO.7(9 个点)	H63	31°57′49.31″	120°23′27.82″
	H64	31°57′48.27″	120°23′28.18″
	E65	31°57′46.56″	120°23′30.24″
	E66	31°57′46.66″	120°23′31.59″
	E67	31°57′46.78″	120°23′32.71″
	E68	31°57′46.76″	120°23′33.99″
	E69	31°57′46.75″	120°23′35.39″
	E70	31°57′46.84″	120°23′36.66″
	E71	31°57′46.80″	120°23′37.98″
喷淋控制线路 NO.8(9 个点)	82	31°57′53.60″	120°23′28.87″
	83	31°57′54.58″	120°23′28.70″
	84	31°57′55.77″	120°23′28.73″
	85	31°57′56.87″	120°23′28.49″
	86	31°57′58.07″	120°23′28.53″
	87	31°57′59.21″	120°23′28.39″
	88	31°57′00.29″	120°23′28.42″
	89	31°57′01.38″	120°23′28.35″
	90	31°58′02.63″	120°23′28.26″

续表

喷淋控制线路	喷淋点位	纬度（N）	经度（E）
喷淋控制线路 NO.9（9个点）	72	31°57′53.71″	120°23′29.00″
	73	31°57′54.66″	120°23′29.12″
	74	31°57′55.85″	120°23′29.02″
	75	31°57′56.93″	120°23′28.96″
	76	31°57′58.01″	120°23′28.91″
	77	31°57′59.35″	120°23′28.84″
	78	31°57′00.38″	120°23′28.82″
	79	31°57′01.38″	120°23′28.70″
	80	31°57′02.64″	120°23′28.60″
喷淋控制线路 NO.10（5个点）	E91	31°57′48.27″	120°23′37.40″
	E98	31°57′48.00″	120°23′36.26″
	E99	31°57′48.12″	120°23′34.80″
	E100	31°57′47.64″	120°23′33.12″
	E101	31°57′47.87″	120°23′31.69″
喷淋控制线路 NO.11（8个点）	101	31°57′54.21″	120°23′34.23″
	102	31°57′55.09″	120°23′34.11″
	103	31°57′56.30″	120°23′34.11″
	104	31°57′57.44″	120°23′34.13″
	105	31°57′58.55″	120°23′33.96″
	106	31°57′59.83″	120°23′33.99″
	107	31°58′00.97″	120°23′33.97″
	108	31°58′02.18″	120°23′33.77″
喷淋控制线路 NO.12（4个点）	109	31°57′53.88″	120°23′39.84″
	110	31°57′53.92″	120°23′38.71″
	111	31°57′53.94″	120°23′37.42″
	112	31°57′53.98″	120°23′36.28″
喷淋控制线路 NO.13（4个点）	113	31°57′56.44″	120°23′39.75″
	114	31°57′56.48″	120°23′38.28″
	115	31°57′56.46″	120°23′37.01″
	116	31°57′56.36″	120°23′35.81″
喷淋控制线路 NO.14（5个点）	117	31°57′56.75″	120°23′40.84″
	118	31°57′56.79″	120°23′39.44″

续表

喷淋控制线路	喷淋点位	纬度(N)	经度(E)
喷淋控制线路 NO.14(5 个点)	119	31°57′56.79″	120°23′38.09″
	120	31°57′56.69″	120°23′36.81″
	121	31°57′56.77″	120°23′35.51″
喷淋控制线路 NO.15(5 个点)	122	31°57′59.59″	120°23′40.76″
	123	31°57′59.75″	120°23′39.32″
	124	31°57′59.75″	120°23′38.04″
	125	31°57′59.57″	120°23′36.60″
	126	31°57′59.66″	120°23′35.37″
喷淋控制线路 NO.16(5 个点)	127	31°58′02.20″	120°23′40.19″
	128	31°58′02.17″	120°23′39.03″
	129	31°58′02.14″	120°23′37.64″
	130	31°58′02.14″	120°23′36.27″
	131	31°58′02.12″	120°23′34.94″
喷淋控制线路 NO.17(5 个点)	132	31°58′03.55″	120°23′34.62″
	133	31°58′04.16″	120°23′40.49″
	134	31°58′04.00″	120°23′38.97″
	135	31°58′04.02″	120°23′37.56″
	136	31°58′04.08″	120°23′35.99″

同时，将"1+1+N"粉尘在线监测仪和激光雷达所在的 GPS 坐标进行测量(表 6.2)，同时落入地图中。

表 6.2 港盛分公司"1+1+N"GPS 坐标统计表[粉尘在线监测系统点位(1+1+4 个点)]

点位	维度(N)	经度(E)
O(综合楼顶)	31°57′39.52″	120°23′36.78″
A(五分变电所楼顶)	31°58′04.95″	120°23′36.20″
B(BZ04 转运站楼顶)	31°58′03.02″	120°23′22.47″
C(BZ10 转运站顶部)	31°57′52.80″	120°23′29.15″
D(通江九路西南部转角处)	31°57′50.18″	120°23′21.39″
E(602 库顶部西北角)	31°57′55.99″	120°23′41.33″

按照坐标统计划分网格并进行命名，最终结果如图 6.3 所示。网格的命名规则为"场地名称+喷枪编号+喷枪编号"，例如 8A079089，就是 8A 场地，由编号为 079 和 089 的喷枪控制的区域范围网格。

图 6.3 智能监测与智能控制网格划分图

按照网格划分，实现监测数据与智能控制技术联动，其技术实现方案如图 6.4 所示。

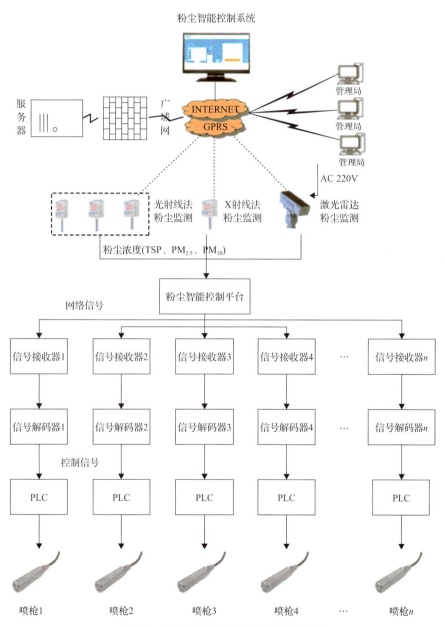

粉尘智能控制系统

图 6.4　网格化监测与喷枪联动技术方案

6.2 散货码头"1+1+N"粉尘智能监测系统

"1+1+N"粉尘智能监测方案与港口现有粉尘监测系统相比，其优势在于：可直观实时反映场界内粉尘浓度；可摸清堆场起尘点及起尘规律；可实时反映堆场边界浓度，有效反映是否环保达标排放，还可直观反映是否有场界外粉尘迁移入场，其浓度是多少。

6.2.1 粉尘激光雷达监测系统

1. 激光雷达设备概况

能够满足该系统要求的粉尘在线监测技术为基于激光雷达技术的粉尘污染源监测技术，简称"粉尘雷达"技术。其监测原理为："粉尘雷达"如激光探针一样，通过不断向大气中发射激光束，扫描大气中的信息，通过与颗粒物和气态分子相互作用后产生散射光来获取不同高度处污染物的浓度分布信息。仪器测试机理如图 6.5 所示，监测数据如图 6.6 所示，测试结果如图 6.7 所示。

粉尘雷达技术主要优势在于：

无需在堆场内大量布点，码头区只需一台仪器就可满足粉尘监测的全区域覆盖效果，是现有港口粉尘监测技术中最优的选择，相比其他布点监测方案具有巨大的优势。

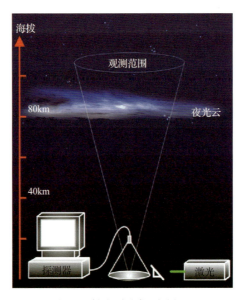

图 6.5　粉尘雷达仪测试机理

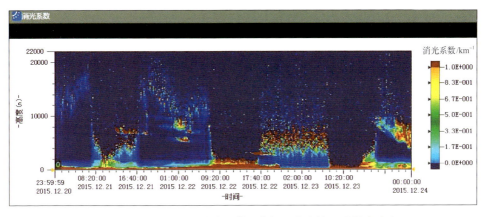

图 6.6 激光雷达通过消光系数和偏振比来定性反映粉尘浓度

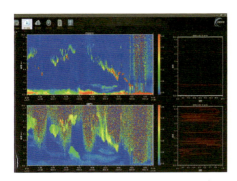

(a) 垂直监测：区分局地外来源，监测边界层变化

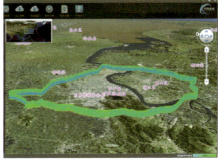

(b) 走航监测：污染源快速溯源，突发事故应急监测

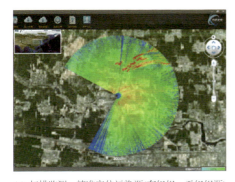

(c) 扫描监测：精准定位污染源(有组织、无组织源)

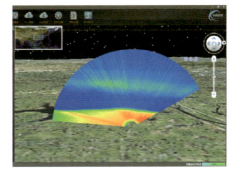

(d) 剖面扫描：区域污染输送定量监测

图 6.7 粉尘雷达测试结果输出数据形式

但激光雷达技术也存在一些缺点：

(1)监测结果数据复杂。粉尘雷达监测结果为实时定点数据，监测范围过大、数据分辨率与港口的需求相比精度过高，且数据形式复杂，这将导致数据存储和分析需要专门的服务器和软件来进行，如何利用监测数据结合 β 射线法/

光散射法粉尘监测仪进行数据标定。

（2）粉尘雷达现有技术监测结果是激光消光度和偏振比，主要反映的是定性/半定量的粉尘浓度特征，因此必须采用"1+1+N"的方案进行。

2. 激光雷达设备比选

目前，国内外市场现有的粉尘雷达监测设备商约十余家，其中主要粉尘雷达型号与参数如表6.3所示。其中，国内几家业内技术相对较先进的企业包括国内设备商A、国内设备商B和国内设备商C。

表6.3　国内外常见粉尘雷达型号与参数

公司	型号	空间分辨率/m	时间分辨率/min
美国 Sigma 公司	微脉冲激光雷达（Sigma）	15	1
法国 CIMEL 公司	CE370-2	15	—
国内设备商 A	三通道双波长气溶胶激光雷达	7.5	6
国内设备商 B	3D 可视性激光雷达（Everise）	15	1
国内设备商 C	PMTracer 微脉冲激光雷达	15	10

1）国内设备商 A

国内设备商 A 生产的两款雷达可满足项目需求，其中便携式扫描雷达如图 6.8 所示。

图 6.8　便携式扫描雷达

便携式颗粒物激光雷达主要用于实时监测局部高密度污染源，其特点是对局部污染源以及高密度气团的快速响应。采用双望远镜道的设计，雷达发射出532nm 激光，两个接收望远镜收集气溶胶和云等对激光的后向散射信号，通过接收 532nm 的垂直和水平偏振信号以及盲区内信号,分析其回波强度和粒子的消偏振特性,从而实现零盲区探测,分辨颗粒物的分布和颗粒物的类别。其产品特点主要表现如下。①激光能量可调:适应不同的污染天气;②零盲区:双望远镜设计,实现零盲区探测;③便携性:主机质量≤30kg,体积小、质量轻、易操作;④集成度高:一体机设计,无需外置工控机即可独立工作;⑤易用性:集成可视照相系统,实现同步影像功能;⑥自适应:信号质量可根据空气质量进行自适应调整,避免信号过弱或饱和,满足各种污染天气测量要求。

2）国内设备商 B

国内设备商 B 生产的 3D 可视型激光雷达 EV-Lidar-CAM 产品如图 6.9 所示。

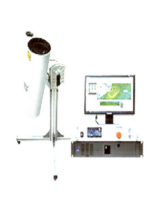

图 6.9　3D 可视型激光雷达 EV-Lidar-CAM

3D 可视型激光雷达 EV-Lidar-CAM 主要用于连续监测大气气溶胶的水平和立体分布,分析气溶胶的组成结构和时空演变,能够实时给出水平和垂直方向上 PM_{10}、$PM_{2.5}$ 的浓度分布,对灰霾、沙尘暴、降雨等天气过程进行实时监测。产品创新性增加智能摄像功能,能直接连接到电子地图,可视界面可得到监测区域内实际空气状况,从而判断当地的大气污染情况。通过可调焦摄像装置实时拍照记录,能更准确地监测定点工业烟尘的排放、城市上空环境污染物的扩散、捕获污染源位置。EV-Lidar-CAM 水平扫描功能可以获得扫描区域内污染源位置分布和污染程度分布信息;其切面扫描功能,可实现对污染物跨境输送的实时监测。该设备结构紧凑、体积小巧,可选择车载式及固定式等多种安装方式。

其技术优势与特点主要表现为：①创新性地在光学传感仓中内置了视频采集系统，可对扫描区域进行实时视频记录。②GIS 与雷达系统结合技术实现了扫描图像与地理信息的结合，可直接显示监测区域内任意点地理信息及 PM_{10}、$PM_{2.5}$ 的浓度。③3D 扫描电机进口自德国，单侧固定可装入车辆内部，携带方便。机械转动实现整体光路不变，保证监测数据的精准。④系统中添加了温控模块，可确保雷达在−10～40℃范围内正常工作。激光器使用寿命大于 10000h，室内、室外及车载均可使用，恶劣环境下适应性极强。⑤可实现多种参数的精确反演和直观显示，如 AOD、PBL 层、消光系数、$PM_{10}/PM_{2.5}$、云底高度等。⑥在技术标准上，3D 可视型激光雷达通过了 TUV 认证，即国际公认的人眼安全认证。⑦透射式同轴光学系统将盲区降低至 45m，且消除了反射光对探测器的影响；同时通过简化光路设计，削弱温度及震动对光路的影响，从而提高了系统的稳定性、可靠性。

3）国内设备商 C

国内设备商 C 生产的颗粒物激光雷达产品如图 6.10 所示。

图 6.10　国内设备商 C 生产的颗粒物激光雷达

产品采用便捷式一体化设计，同时做到高能量、高频率、车载、固定、扫描、剖面探测多种模式全天候全天时无缝切换。搭配业务化软件设计，实现多参数联合分析溯源。

产品优势包括便携多用，高能高频，分析溯源和稳定低耗等，自备电源能支持 24h 连续工作等。

目前，粉尘雷达在环保监测方面有非常多的应用案例，从技术原理上来讲，将其应用于散货码头的环境智能监测是可行的。

通过多方面对比，该系统最终选择使用性价比最高的国内设备商 A 生产的第二代便携式颗粒物激光雷达。

选用的激光雷达设备性能指标如表 6.4 所示。

表 6.4　激光雷达设备性能指标

性能指标	技术要求
产品种类及类型	第二代(便携式)
激光波长	532nm
激光能量	≥300μJ
能量采集方式	模拟采集/光学计数
应用环境	可户外直接观察，IP55 防水防尘，防雷
探测盲区+过渡区	≤30m
重复频率	≥2kHz，可调
时间分辨率	≥1s
空间分辨率	7.5m，可调
扫描周期	优于 40min

3. 激光雷达现场实测

张家港港盛分公司利用国内设备商 A 生产的便携式激光雷达进行了现场实测，现场测试工作过程如图 6.11 所示，测试条件如图 6.12 所示。测试结果示例如图 6.13 所示。

从图 6.13 可看出，激光雷达可明显分辨出港口范围内所有的粉尘分布信息，图中较明显的污染源有 2 个，污染源 1 位于通江六路和沿江四路交会处的矿石堆场内，同时也包括通江六路部分路段。污染起尘原因主要是矿石堆场正在进

图 6.11　港盛分公司现场试验测试工作图

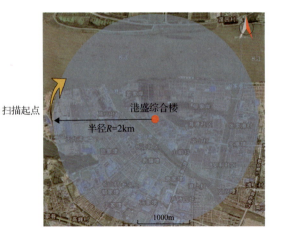

雷达监测点位

●

扫描时间：

6月4至10日：

扫描地点：

张家港港口港盛综合楼楼顶

扫描仰角：

3°

扫描起始位置：

正北夹角270°(正西方向)

显示距离：

2km

图 6.12　港盛分公司现场实测点位信息

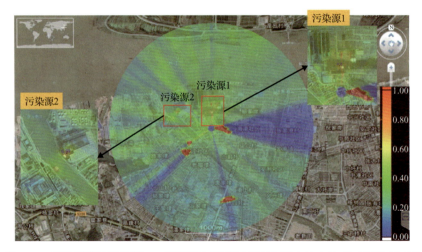

图 6.13　现场测试结果示例——张家港扫描雷达(2019 年 6 月 4 日 13：19 至 14：56)

行作业工作，通江六路有大量运输车辆来往，导致污染源 1 起尘明显，现场情况如图 6.14 所示。污染源 2 为明显的场界外污染源，从地图上看，污染源 2 为港口隔壁的钢铁企业排放的生产废气，其排放浓度略高于场界内的污染源 1。由于测试时无明显风向，因此污染源 1 扩散情况不明显。

据此分析，如果风向为西风或西北风，隔壁钢铁企业排放的高浓度含尘气体将会由场界外向场界内转移，而在交界处，港盛分公司安装有一台粉尘在线监测仪，因此，该处测得的粉尘浓度很难说清是从外传输进来的，还是从场界内排放出去的。而激光雷达的连续监测手段则能够把每一次的污染传输问题描述清楚。

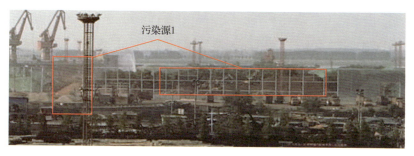

图 6.14　污染源 1 现场情况

图 6.15～图 6.18 展示了现场试验测试过程中具有代表性的部分结果。

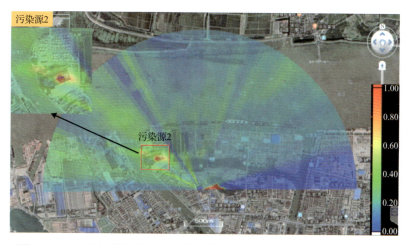

图 6.15　2019 年 6 月 6 日 14:20 监测结果展示分析(消光系数单位：km⁻¹)

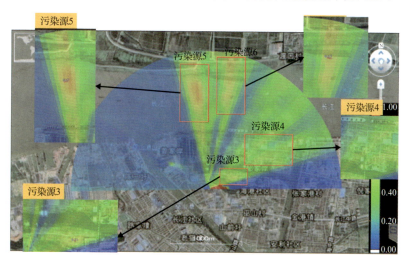

图 6.16　2019 年 6 月 6 日 17:25 监测结果展示分析(消光系数单位：km⁻¹)

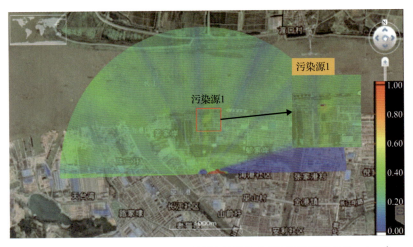

图 6.17　2019 年 6 月 8 日 11∶58 监测结果展示分析(消光系数单位：km⁻¹)

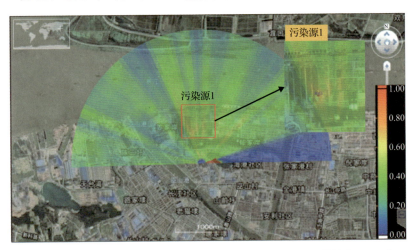

图 6.18　2019 年 6 月 8 日 14∶50 监测结果展示分析(消光系数单位：km⁻¹)

　　从图 6.15 可以看出，当港区内部无起尘现象时，场外钢铁加工厂的粉尘排放情况显得特别明显；从图 6.16 可以看出，当监测范围覆盖到长江江面时，可以监测到高排放的船舶排污情况，这说明船舶尾气的排放在某种程度上也会影响到港口粉尘的浓度，尤其是在大气扩散条件合适的情况下，会明显引起港区内粉尘浓度的提升；从图 6.17 可以看出，激光雷达监测能够成功监测到码头前沿作业过程中产生的粉尘排放；同时从图 6.18 可以看出，堆场内由风引起的静态扬尘也能够很明显地反映在激光雷达的监测结果之中。激光雷达现场试监测成功证明了雷达方案的可行性。

4. 激光雷达布点及安装

由于激光雷达监测过程中，激光发射保持水平，因此需要在港口区域找到一个制高点以避免遮挡。张家港港盛港区制高点如表 6.5 所示。

表 6.5　港口区域制高点

位置	标高/m
综合楼	17(楼顶平面)/21(楼顶高台)
1 号筒仓	24.5
2 号筒仓	24.5
3 号筒仓	24.5
5 号筒仓	19
BZ04 筒仓	24.5
BZ05 转运站	8
9 号转运站	29
防风网	17

从表 6.5 中可知，为了保证激光雷达不被遮挡，需选择相对较高的点位安装激光雷达设备。9 号转运站为场界内最高点位，标高 29m，但是 9 号转运站点位距离 H 堆场太近，H 堆场大部分区域将位于激光雷达的测量盲区内，该点位不合适。因此，剩余选择可以为方案一综合楼楼顶和方案二 1 号、2 号、3 号筒仓顶部。

方案一：综合楼楼顶方案。综合楼楼顶标高为 17m，但激光雷达试测时，在选择综合楼楼顶进行实测的情况下，并未对监测造成遮挡，因此综合楼楼顶可作为备选布点方案。综合楼楼顶的方案优势在于：①激光雷达接电、接网、维护方便；②监测时无需进行 360°全角度扫描，每个监测周期时间缩短；③场界内产尘位置均位于激光雷达盲区之外。其劣势在于：①距离堆场有一定距离，监测网格密度可能不如 1 号、2 号、3 号筒仓顶部布点方案；②激光信号随距离衰减，监测结果可能会受气象、环境条件影响。

方案二：1 号、2 号、3 号筒仓顶部方案。1 号、2 号、3 号筒仓顶部标高均为 24.5m，能够满足激光雷达的高度要求，因此也可以作为激光雷达布点的备选方案。1 号、2 号、3 号筒仓顶部方案优势在于：①距离堆场较近，监测网格密度小，监测数据比综合楼楼顶方案更精细；②监测结果受气象、环境条件影响比综合楼楼顶方案小；③距离更近，监测结果可能更准确。其劣势在于：①设备接电、接网与维护不便；②监测需 360°扫描，每个监测周期时间增加；③场界内堆场部分区域可能位于激光雷达盲区之内。

因此，综合考虑，该系统最终决定选择方案一，即将激光雷达安装在综合楼楼顶的方案。图 6.19 和图 6.20 是激光雷达现场安装时的照片。

图 6.19　设备安装人员现场施工图

图 6.20　设备安装完成后图

6.2.2　粉尘在线监测仪

1. 粉尘在线监测仪技术要求

1）技术指标

粉尘在线监测仪需满足以下表 6.6 所示的技术指标。

表 6.6 粉尘在线监测仪技术指标要求

指标	技术要求
监测方式与指标	连续自动监测；TSP、PM$_{10}$、PM$_{2.5}$
监测方法	光散射法、β射线法
测量量程	至少覆盖 0.01～30.00mg/m^3
数据分辨率	≤1μg/m^3
时间分辨率	≤60s
质量浓度时间周期	1min、1h、24h
示值误差	≤±20%
粉尘零点漂移	≤±10%
流量漂移	24h内，任意一次测试时间点流量变化≤±10%设定流量，24h平均流量变化≤±5%
重现性	≤10%
除湿	具备自动除湿或湿度补偿功能
校零	具备自动校零功能
浓度报警	具备设定浓度报警功能

该系统选用的设备型号及技术参数如表 6.7 所示。

表 6.7 粉尘监测仪设备型号及技术参数概要

序号	名称	型号及技术参数	单位	数量
1	β射线粉尘监测仪	设备型号：H6型，最小刻度值（分辨率）：0.1μg/m^3，测量量程：0～10000μg/m^3；流量：16.7±2.5L/min	套	1
2	光散射粉尘监测仪	设备型号：H6型，测量量程：0～30000μg/m^3，数据分辨率：0.1μg/m^3，示值误差：2μg/m^3	套	4

其中，β射线法粉尘在线监测仪采用青岛和诚环保科技有限公司生产的β射线法粉尘监测仪。设备整体由自主研发，设备核心元器件β射线闪烁探测器由北京滨松光子技术股份有限公司生产，β信号发生器由山东核奥康电子科技有限公司生产。其主要技术参数如表 6.8 所示。

表 6.8 β射线法设备型号及技术参数概要

指标	技术要求
监测方式与指标	连续自动监测；TSP
监测方法	β射线法
测量量程	至少覆盖 0.01～10.00mg/m^3

续表

指标	技术要求
与参比方法比较	斜率：1±0.15
	截距：0±10μg/m³
	相关系数≥0.95
数据分辨率	≤0.1μg/m³
时间分辨率	≤60s
流量漂移	24h 内，任意一次测试时间点流量变化≤±10%设定流量，24h 平均流量变化≤±5%
平行性	≤10%
除湿	具备自动除湿或湿度补偿功能
校零	具备自动校零功能
浓度报警	具备设定浓度报警功能

光散射法粉尘在线监测仪采用青岛和诚环保科技有限公司生产的光散射法粉尘监测仪。设备核心元件 PM 激光传感器由青岛和诚环保科技有限公司生产研发。其主要技术参数如表 6.9 所示。

表 6.9　光散射法设备型号及技术参数概要

指标	技术要求
监测方式与指标	连续自动监测；TSP、PM_{10}、$PM_{2.5}$
监测方法	光散射法
测量量程	至少覆盖 0.01～30.00mg/m³
与参比方法比较	斜率：1±0.3
	截距：0±10μg/m³
	相关系数≥0.9
数据分辨率	≤0.1μg/m³
时间分辨率	≤60s
流量漂移	24h 内，任意一次测试时间点流量变化≤±10%设定流量，24h 平均流量变化≤±5%
平行性	≤15%
除湿	具备自动除湿或湿度补偿功能
校零	具备自动校零功能
浓度报警	具备设定浓度报警功能

2) 系统构成

粉尘在线监测系统由粉尘在线监测仪、气象参数仪、视频监控仪、数据采集/传输/存储与处理系统、信息监控管理平台及其他辅助设备等构成，配备用户终端，还可根据管理需求配置其他功能模块。

（1）粉尘在线监测仪由粉尘样品采集、流量控制、监测终端等组成。

（2）气象参数仪由风向、风速、温度、湿度、气压传感器等组成。

（3）视频监控仪由摄像机和云台或球机组成，用于进行视频实时监控，并按设定值采集现场视频或图片等。

（4）数据采集、传输、存储和处理系统用于采集、传输、存储与处理监测数据，并按后台服务器指令或定时向后台服务器传输在线监测数据和设备的状态参数。

（5）信息监控管理平台能对上述设备进行设置，并对各类监测数据进行存储、显示、统计分析与加工处理。

（6）辅助设备还包括供电电源和通信设备。

仪器掉电后，能自动保存数据。恢复供电后系统可自动启动，恢复运行状态并正常开始工作。数据采集与传输满足多台在线监测仪的并发数据传输需求。数据采集仪具备一址多发功能，传输通信满足《污染物在线监控(监测)系统数据传输标准》(HJ 212—2017)的相关要求。监测系统具备自动及手动数据补传功能。监测系统按行业管理要求上报在线监测数据，并与地方环保监测系统衔接。

3) 数据要求

现场端粉尘在线监测仪的监测原始数据(分钟值和小时值)存储时间不少于 6 个月，视频监控文件存储时间不少于 3 个月；监控平台在线监测原始数据及视频存储时间不少于 3 年。

粉尘监测数据有效性符合下列要求：①粉尘监测数据的有效采集率不低于85%。②当 15min 采集的有效分钟值不少于 85%时，该 15min 数据有效。③当1h 采集的有效分钟值不少于 85%时，该小时数据有效，以该小时内所有有效分钟值计算的算术平均值作为该小时平均值。④每日有不少于 20 个有效小时均值的算术平均值为有效日均值。日均值的统计时段为北京时间 0:00 至 23:59。⑤每月有不少于 25 个有效日均值的算术平均值为有效月均值(2 月份不少于 24 个有效日均值)。

数据取值有效位数精确至 $0.1\mu g/m^3$。异常值取舍符合下列要求：①在线监测仪器校准期间的所有数据作为无效数据；②当发生临时断电时，从断电时起至恢复供电后仪器正常运行止，该时段内的监测数据均标注为无效数据；③当出现降水时，粉尘在线监测数据作为无效数据；④所有无效数据均标注标示符，不参与统计，但在原始数据库中予以保留。

2. 粉尘在线监测仪布点及安装

1) 布点要求

粉尘在线监测仪是为了满足"1+1+N"方案中的"1+N"粉尘浓度标定的需求。选点要求：

(1) 根据《大气污染物综合排放标准》(GB 16297—1996)规定，应在粉尘无组织排放源下风向设监测点，同时在排放源上风向设参照点，附近已有环境监测点的可利用已有监测数据。

(2) 根据码头堆场面积确定监测点数量，监测点数量应符合表 6.10 的要求。

表 6.10　监测点数量要求

堆场面积/m²	监测点数量/个
≤1 万(含)	≥2
1 万~5 万(含)	≥3
5 万~10 万(含)	≥4
10 万~20 万(含)	≥5
>20 万	在 20 万 m² 至少设置 5 个监测点的基础上，每增加 10 万 m² 至少增设 1 个监测点(不足 10 万 m² 但大于 5 万 m² 的按 10 万 m² 计)

(3) 监测点位选址应符合《大气污染物无组织排放监测技术导则》(HJ/T 55—2000)及以下要求：

监测点位设置应符合"1+N"原则，其中"1"为厂界监测点，"N"为港区内监测点。厂界监测点的设置应满足环保部门关于环境空气质量监测的需求，符合《环境空气质量标准》(GB 3095—2012)、《环境空气颗粒物(PM_{10} 和 $PM_{2.5}$) 连续自动监测系统安装和验收技术规范》(HJ 655—2013)的相关要求。港区内监测点应设置于码头厂界范围内，且可直接监控码头堆场主要生产活动的区域。港区内监测点位设置宜选择在码头主要装卸作业点、主要的车辆出入口和散货堆场，其中至少一个监测点应设置在码头主要装卸作业点 5~15m 处。监测点位应设置在码头主导风向(一般采用污染最严重季节的主导风向)的下风向的浓度最高点。如主要装卸点作业时有喷水作业的，监测点位设置时应避开喷水的影响。监测点设置在堆场边界的，若堆场边界设有围挡或防风抑尘网，监测点通常设于围挡外任意可能浓度最高点处，亦可设于车辆出入口或围挡开口处。无围挡堆场监测点可设于边界外任意可能浓度最高点处。当与其他装卸易产生粉尘污染货种的码头相邻时，应避免在相邻边界处设置监测点。监测点的位置不宜轻易变动，以保证监测的连续性和数据的可比性。在监测点周围，不应有阻碍环境空气流通的高大建筑物、树木或其他障碍物。从监测系统采样口到附近最高障碍物之间的水平距离，至少应为该障碍物高出采样口垂直距离的两倍以上。监测点附近应避免强电磁干扰，周围有稳定可靠的电力供应，方便安装和检修通信线路。监测点的设置应避免对企业安全生产造成影响。

2）系统布点

该系统最终确定的布点方案是综合考虑国家标准及地方标准中的点位设置要求，并结合研究得到的港口大气扩散数值模拟计算结果，得到的粉尘在线监测仪的布点方案。港盛分公司堆场面积在 10 万 m² 到 20 万 m² 之间，监测点数量需 5 个（"1+4"）。

港盛分公司港口大气扩散情况通过数值模拟计算，拟按照实际排放情况设定无组织排放源，选择 TSP 作为预测污染物，使用《环境影响评价技术导则 大气环境》（HJ 2.2—2018)中推荐的 AERMOD 模式进行预测计算，应用计算软件为 EIAProA，版本号 1.1.169。计算结果如图 6.21 所示。

图 6.21 港盛分公司港口区域年均 TSP 浓度贡献等值线分布图（单位：mg/m³)

综合考虑以上要求，初步设定粉尘在线监测仪布点方案如图 6.22 所示。该方案中，B、C、D 监测点位沿用港盛分公司前期已有粉尘在线监测仪所在点位。A、E 为新增加点位。

A 点位是为了满足至少一个监测点应设置在码头主要装卸作业点 5～15m 处的建设要求，位于 7 泊位 5#分变电所顶部北侧。

B 点位是年均 TSP 浓度贡献等值线 0.5mg/m³ 的代表区域，另外也可作为煤炭类粉尘浓度的特征标定点。

C 点位是年均 TSP 浓度贡献等值线 0.3mg/m³ 的代表点位。

D 点位是厂界监测点的点位。

E 点位于 602 库顶西北角，主要反映矿石堆场的粉尘浓度情况。

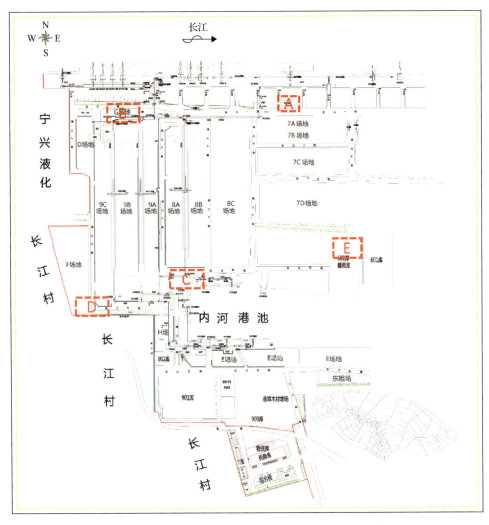

图 6.22　港盛分公司粉尘在线监测仪"1+4"布点方案

A 点详细位置如图 6.23 所示，其位于 5#分变电所建筑楼顶。现场勘查显示，该位置可满足粉尘在线监测所需电力、网络需求。该位置距离码头主要装卸作业点最大不超过 15m，安装光散射法粉尘在线监测仪。

A 点位具体坐标为 31°58′04.84″N、120°23′36.41″E。

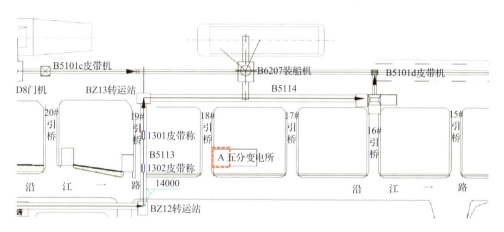

图 6.23　A 点详细位置(上：平面图；下：遥感图像)

B 点位于 G 场地附近的 BZ04 转运站楼顶，为厂界内监测点位，如图 6.24 所示。B 点位现安装有一套光散射法 TSP 在线监测仪，表明该位置可满足粉尘在线监测所需电力、网络需求。B 点安装光散射法粉尘在线监测仪。

B 点位具体坐标为 31°58′03.09″N、120°23′22.60″E。

C 点位于沿江四路和内河港池之间的 BZ10 转运站顶部，为厂界内监测点位，如图 6.25 所示。C 点位现安装有一套光散射法 TSP 在线监测仪，表明该位置可满足粉尘在线监测所需电力、网络需求。C 点安装光散射法粉尘在线监测仪。

C 点位具体坐标为 31°57′52.64″N、120°23′29.03″E。

D 点位是厂界监测点的点位，位于通江九路西南部转角处，如图 6.26 所示。D 点位现安装有一套光散射法 TSP 在线监测仪，表明该位置可满足粉尘在线监测所需电力、网络需求。D 点安装 β 射线法粉尘在线监测仪。

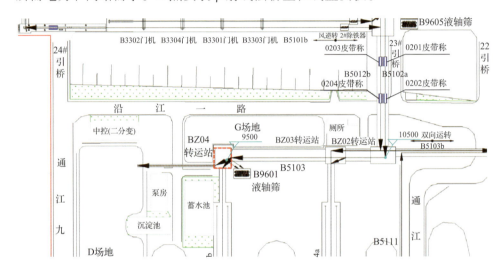

图 6.24　B 点详细位置(上：平面图；下：遥感图像)

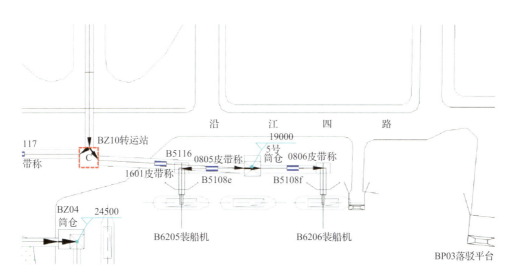

图 6.25 C 点详细位置（上：平面图；下：遥感图像）

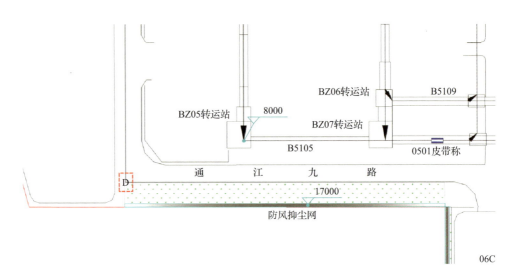

Image © 2019 CNES/Airbus

图 6.26　D点详细位置（上：平面图；下：遥感图像）

D点位位置坐标为31°57′50.06″N、120°23′21.42″E。

E点位是新增厂界内监测点位，位于7D场地东南侧的602库顶部西北角，如图6.27所示。现场勘查显示该位置可满足粉尘在线监测所需电力、网络需求。

E点位详细坐标为31°57′55.70″N、120°23′41.01″E。

图 6.27　E 点详细位置(上：平面图；下：遥感图像)

监测点位标高如表 6.11 所示。

表 6.11　监测点标高

监测点名称	安装位置	标高/m
A 点	5#分变电所建筑楼顶	5.05
B 点	BZ04 转运站顶部	9.2
C 点	BZ10 转运站顶部	12.5
D 点	通江九路西南部转角	4.5
E 点	602 库顶部西北角	12.2

A、B、C、E 建筑物顶部安装的 4 套粉尘在线监测仪采样口高度统一为 1.5m，含建筑物高度均小于 15m；D 点位总高度为 4.5m；5 个监测点位采样口距地面高度满足 3~15m 的要求。

6.2.3 粉尘智能监测效果

为了验证"1+1+N"粉尘智能监测的准确性，随机提取了任意 24h 的粉尘在线监测仪的浓度，与经过标定后的激光雷达云图上的粉尘浓度进行了对比，其结果如图 6.28~图 6.31 所示。

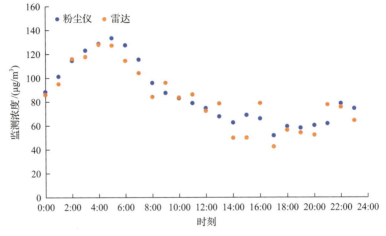

图 6.28　C 点 $PM_{2.5}$ 浓度对比图

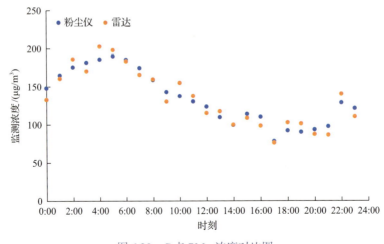

图 6.29　C 点 PM_{10} 浓度对比图

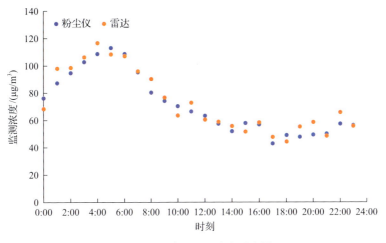

图 6.30　E 点 PM$_{2.5}$ 浓度对比图

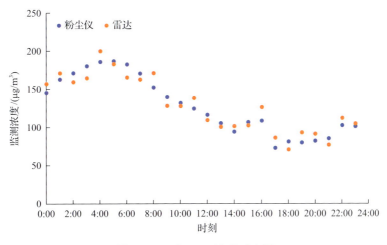

图 6.31　E 点 PM$_{10}$ 浓度对比图

从图 6.28～图 6.31 可以看出，利用粉尘在线监测仪标定过的激光雷达浓度数据，与同样位置的粉尘在线监测仪监测到的粉尘浓度相差无几，这是因为同一位置的激光雷达云图上展示的粉尘浓度，就是用几乎同样高度的粉尘在线监测仪进行数据标定的。尤其是 C 点和 E 点，由于其安装位置较高，安装高度与激光雷达扫描的水平面高度最为接近，因此 C 点和 E 点是两个最重要的浓度标定点。但是，两者数据仍然存在一些差距，这是因为激光雷达是用某一时刻的瞬时粉尘浓度代表 1h 的粉尘浓度均值，而粉尘在线监测仪是利用每秒的粉尘浓度计算得到的小时平均值，因此二者之间会存在一定的差距。

图 6.32、图 6.33 是利用网格溯源计算得到的地面网格内的粉尘浓度与粉

尘在线监测仪的浓度对比。

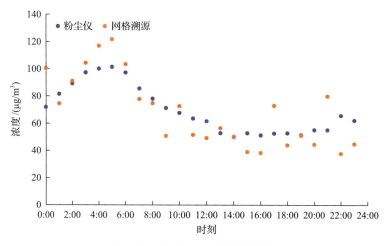

图 6.32　B 点 PM$_{2.5}$浓度对比图

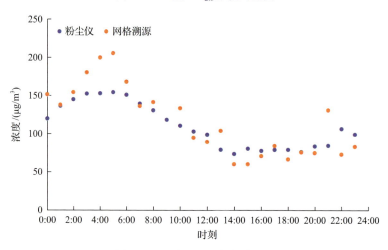

图 6.33　B 点 PM$_{10}$浓度对比图

从图中可以看出,网格溯源内的粉尘浓度与 B 点粉尘在线监测仪的粉尘浓度比较接近,尤其是粉尘浓度变化趋势方面表现得一致。B 点为地面站点,与激光雷达高度相差约 20m,直接利用 B 点标定激光雷达的粉尘浓度,误差较大,因此浓度对比时选用 B 点的粉尘在线监测仪浓度与编号为 9G061062 溯源的 B 点位置的网格内浓度进行对比。对比结果表明,溯源后的网格内粉尘浓度与该点位的粉尘在线监测仪的浓度比较接近。

综上所述,"1+1+N"的粉尘智能监测方案基本能够实现真实反映全场粉尘浓度分布的功能,监测结果真实可信,可以作为指导粉尘智能联动控制的依据。

6.3　散货码头粉尘智能控制系统

6.3.1　开发基础

1. 操作系统和数据库

操作系统：32 位 Windows 7 或更高版本。

Framework：JavaEE SSM。

数据库：MySQL 5.7.29 或更高版本。

缓存数据库：Redis 3.2.12。

Ftp 服务：vsftpd 3.0.2 或更高版本。

IntelliJ IDEA 2018 或更高版本。

2. 运行环境

1）服务器

操作系统：32 位 Linux 3.10.0-693 或更高版本。

Framework：JavaEE SSM。

数据库：MySQL 5.7.29 或更高版本。

缓存数据库：Redis 3.2.12。

Ftp 服务：vsftpd 3.0.2 或更高版本。

2）客户机

操作系统：32 位 Windows 7 或更高版本。

Framework：Framework 2.0 或更高版本。

数据库：MySQL 5.7.29 或更高版本。

3. 智能通信协议

粉尘监测系统和喷洒水控制系统的智能联动需要建立高效的通信协议。

（1）控制系统软件平台结合气象参数、粉尘浓度和地理位置信息智能判断堆场内起尘位置，通过《污染物在线监控（监测）系统数据传输标准》（HJ 212-2017）（即 212 通信协议）提供一个网络信号，如图 6.34 所示。

（2）需提供一个无线网络信号接收器，利用信号解码器把网络信号转换成可以驱动现有喷淋设备的控制信号。

(3)需要根据目前的喷淋点位对喷枪进行二进制编码，统一编码形式以实现对喷淋设备的有效智能控制。

类别		项目	示例/说明
使用命令	上位机	发送"启动清洗/反吹"请求	QN=20160801085857223;ST=32;CN=3013;PW=123456;MN=010000A8900016F000169DC0;Flag=5;CP=&&PolId=w01018&& ——▶ 设置成控制设备ID
	现场机	返回请求应答	QN=20160801085857223;ST=91;CN=9011;PW=123456;MN=010000A8900016F000169DC0;Flag=4;CP=&&QnRtn=1&&
	现场机	返回执行结果	QN=20160801085857223;ST=91;CN=9012;PW=123456;MN=010000A8900016F000169DC0;Flag=4;CP=&&ExeRtn=1&&
使用字段	PolId		在线监控(监测)仪器仪表对应污染物编码
	QnRtn		请求应答结果
	ExeRtn		请求执行结果
执行过程	1、上位机发送"启动清洗/反吹"请求命令，等待现场机回应； 2、现场机接受"启动清洗/反吹"请求命令，回应"请求应答"； 3、上位机接收"请求应答"，根据请求应答标志QnRtn的值决定是否等待现场机执行结果； 4、现场机执行"启动清洗/反吹"请求命令，返回"执行结果"； 5、上位机接收"执行结果"，根据执行结果标志ExenRtn的值判断请求是否完成，请求执行完毕		

图 6.34　212 通信协议

按照规定通信协议保障监测项目中平台软件与喷淋设备中控单元的交互通信。协议需遵循标准的 Modbus-RTU 协议要求。其中，波特率至少支持 4800、9600、19200 波特率设置；数据位 8 位；校验位至少支持 NONE、ODD、EVEN方式；停止位 1 位。

协议总体说明如表 6.12 所示。

表 6.12　协议总体说明表

说明	取值范围	功能说明	备注
地址位	0x01 - 0xFF	喷淋控制单元地址	默认–0x01，单字节
功能码		读取、写入功能码	0x02–读取；0x03–写入，单字节
数据长度	0x01～0xFF	有效数据字节数	去除地址、功能码、校验码和数据位之外的所有数据的长度
网格地址	0x01～0xFF	系统中人为划定网格	0xFF–所有网格
设备地址	0x01～0xFF	喷淋设备地址	0xFF–网格内所有设备
操作控制	0x01～0xFF		0x01–读取设备时使用，0x02–发送打开设备命令，0x03–发送关闭设备命令
校验码	CRC16 校验		见示例程序

单台设备状态请求命令如表 6.13 和表 6.14 所示。

表 6.13　平台发送命令示例

地址位	功能码	长度	网格地址	设备地址	操作码	校验码	
0x01	0x02	0x03	0x01	0x01	0x01	0xE9	0xDE

表 6.14　设备回复命令示例

地址位	功能码	长度	网格地址	设备地址	操作码	校验码	
0x01	0x02	0x03	0x01	0x01	0x02	0xA9	0xDF

网格设备状态请求命令如表 6.15 和表 6.16 所示。

表 6.15　网络设备状态请求平台发送命令示例

地址位	功能码	长度	网格地址	设备地址	操作码	校验码	
0x01	0x02	0x03	0x01	0xFF	0x01	0xA9	0xBE

表 6.16　网络设备状态请求设备回复命令示例

地址位	功能码	长度	网格地址	设备 1 地址	设备 1 状态	设备 2 地址	设备 2 状态	校验码	
0x01	0x02	0x05	0x01	0x01	0x02	0x02	0x03	0x7E	0xCF

单台设备控制命令如表 6.17 和表 6.18 所示。

表 6.17　平台发送命令示例(开设备)

地址位	功能码	长度	网格地址	设备地址	操作码	校验	
0x01	0x03	0x03	0x01	0x01	0x02	0xA9	0xDF

表 6.18　设备回复命令示例(设备打开)

地址位	功能码	长度	网格地址	设备地址	操作码	校验码	
0x01	0x03	0x03	0x01	0x01	0x02	0xA9	0xDF

网格设备控制命令如表 6.19 和表 6.20 所示。

表 6.19　平台发送命令示例(开单个网格中的设备)

地址位	功能码	长度	网格地址	设备地址	操作码	校验	
0x01	0x03	0x03	0x01	0xFF	0x02	0xD4	0x7F

表 6.20　设备回复命令示例

地址位	功能码	长度	网格地址	设备 1 地址	设备 1 状态	设备 2 地址	设备 2 状态	校验码	
0x01	0x03	0x05	0x01	0x01	0x02	0x02	0x03	0x6E	0x0F

注: 网格下有两台设备, 如果多台, 按照顺序存储, 01 设备打开成功, 02 设备打开失败。

4. 接入设备

粉尘雷达：用于大面积监测粉尘相对浓度。

粉尘监测设备：用于数据标定。

气象监测仪器：用于监测气象参数。

喷淋系统：用于控制水枪定点洒水。

5. 数据存储

粉尘雷达、粉尘监测设备、气象监测仪器等采集到的原始数据及标定后的数据均需要存储至数据库，所有设备与服务器在厂区内组网形成专属局域网，所有数据均通过网络(有线或无线，视场地情况而定)上传至服务器，服务器端软件对数据进行展示和分析。相关数据包括：激光消光度、偏振比，TSP、$PM_{2.5}$、PM_{10}，风速、风向、温度、湿度、大气压。

6.3.2 系统功能和业务

1. 系统功能

粉尘在线监测与智能控制系统以数据库系统和 GIS 平台为基础，完成气象数据采集、数据地图、实时监测、数据查询、自动报表、统计分析、预警报警管理等功能，系统可实时采集风向、风速、温度、湿度、气压等环境参数，实时扫描监控区域全场浓度及定标点浓度，通过后台算法实时获取网格化监测浓度和源强数据，实现按时、按量、按需等科学精准地控制环保设备，能够最大程度节约水电资源。控制系统由上位机、主控制器、功率输出板、系统电源等组成，操作简单方便。硬件均采用当前最先进的嵌入式系统，运行稳定可靠。系统可接入气象传感器、粉尘浓度传感器等多种智能传感器。系统功能划分如表 6.21 所示。

表 6.21　系统子系统功能表

序号	子系统名称	主要功能
1	气象数据采集	气象数据：风速、风向、温度、湿度、气压等
2	数据地图	敏感点位、激光雷达云图、云图数据回顾、地面粉尘浓度、容量趋势等
3	实时监测	全区域雷达扫描监测、定标点位监测、网格化监测浓度、地面浓度和高斯模型反推的源强数据
4	数据查询	全部区域、全部因子、实时浓度列表

续表

序号	子系统名称	主要功能
5	自动报表	自动生成固定格式的自动监测报表功能
6	统计分析	具有每个网格的每个监测因子数据提供排序及图像化显示功能
7	预警报警管理	当监测值达到某个阈值时，具有预警报警功能，并提供报警时间段、报警位置、次数等详细信息

2. 业务框架

系统运行依赖 GIS 信息、环境参数等几个方面的数据信息，系统进行模型计算和决策支持后会生成网格化粉尘浓度、源强和喷洒水作业决策指令单，系统数据流如图 6.35 所示。

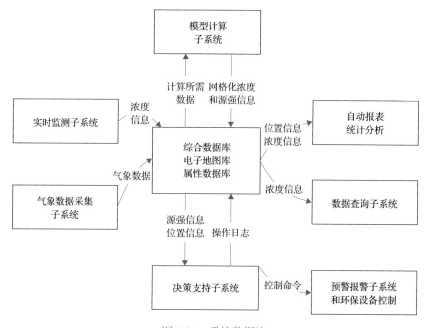

图 6.35　系统数据流

整个系统的构架由服务层、核心业务层、应用层三个部分组成。系统架构如图 6.36 所示。

3. 服务层设计

数据层为整个系统提供基础性数据支持服务，包括数据库系统、地图信息数据、通信服务等。

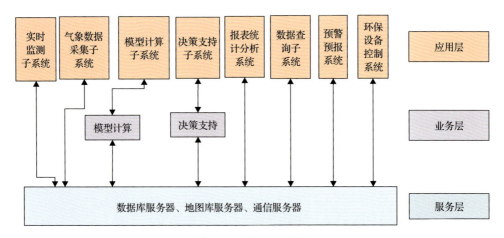

图 6.36　系统业务架构

4. 业务层设计

核心业务层是该系统模型计算和决策支持的具体体现。该部分的设计采用组件式服务模式，开发时先以控制模型为依据，开发相应的业务组件，在此基础上开发实时模型计算和决策支持上层子系统。

5. 应用层设计

系统应用层是系统与用户、该系统与其他系统的接口，根据业务功能的不同划分为以下几个子系统，如图 6.37 所示。

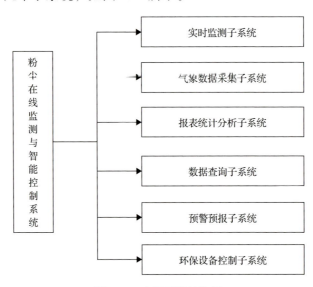

图 6.37　应用系统结构图

6. 硬件设计

1）PLC 主站

PLC 主站主要负责所有喷枪站的逻辑控制以及整个网络的通信维护。主要通过 DP 网络接口与子站和工控机通信。由于中心主站的运行状态对整个系统有着至关重要的影响，因此，主站上包括 CPU、电源模块、通信模块均使用1：1 冗余备份的方式进行硬件设计。工作时当主控 CPU 或扩展模块出现故障时，系统能够自动切换到备份 CPU 和模块继续正常工作，并向工控机发送设备故障报警信号，方便用户维修。

2）工控机

工控机通过 MPI 与中心主站连接。根据用户需求操作控制喷枪、水泵等的工作状态。

3）泵房控制子站

泵房控制子站实现的是 PLC 对泵房的控制，该子站具有独立的处理能力。CPU 通过总线对泵房控制站发送命令。泵房控制站接收到命令后，经过计算，用通信模块，通过总线，控制变频器的工作，从而实现了 CPU 对变频器的控制。

4）喷枪站

喷枪站通过电磁阀对喷枪进行打开、关闭操作，喷枪站的电磁流量计还可以对喷枪用水量进行统计。

5）气象数据监测模块

气象数据监测模块可监测以下气象数据：风速、风向、温度、湿度、气压等。实时采集气象数据，提供给系统后台计算模型进行计算。

6）"1+N" 监测站

"1+N"监测站指的是 1 套激光雷达粉尘污染物监测设备配合 N 套 β 射线法/光散射法在线粉尘监测仪。其中，1 套激光雷达设备通过激光与颗粒物和气态分子相互作用后产生散射光来获取不同高度处污染物的浓度分布信息，再利用场界内分布的 N 套 β 射线法/光散射法设备进行浓度标定。通过"1+N"监测站为系统提供全场颗粒物浓度分布信息。

6.3.3 系统界面

1. 登录界面

系统的登录界面如图 6.38 所示。

图 6.38　系统登录界面

2. 粉尘浓度实时监测子系统

实时监测子系统包括全区域雷达扫描监测和定标点位监测数据的采集。通过模型计算得出全域网格化实时监测数据。对监控区域结合环保设备(喷枪站点)位置进行网格化划分。场地网格划分后每个网格是 2～3 支喷枪的控制范围。

利用空气质量模型对港区进行污染扩散模拟分析基础上进行监控点位设计，并结合现场勘探结果，进行了监控点位布设(图 6.39)。在张家港港应用案例中，实时监测子系统根据现场实际需求选用了 1 个粉尘雷达设备和 5 个在线监测点位。5 个在线监测点位包括 4 个场界内点位和 1 个场界点位。场界点位在线监测设备采用 β 射线法，场界内点位采用光散射法。监测因子包括 TSP、PM_{10} 和 $PM_{2.5}$。系统在其他港口进行应用时，可根据港口监控区域大小、监控需求设置粉尘雷达设备台数和在线监测点位台数及监控点位设置地点，并结合系统工程投资需求选用适宜的在线监测设备。

粉尘雷达监测设备全场扫描后获得全场消光系数和退偏振比数据，利用 5 个在线监测点位进行定标，利用模型计算子系统进行后台计算，获得全场粉尘监控数据(图 6.40～图 6.43)。

在系统界面上，点击关注点位和区域网格，均可查看粉尘浓度数据。

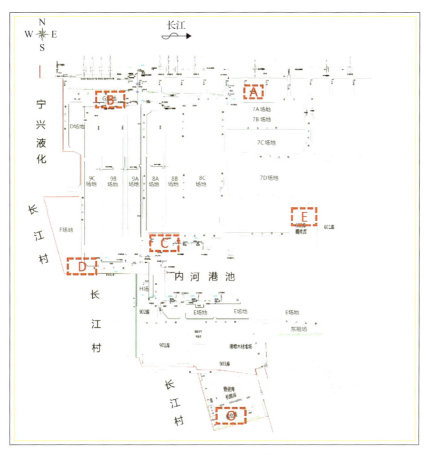

图 6.39　监控站点布设

O 点为粉尘激光雷达；A～E 点为粉尘在线监测仪

图 6.40　系统主界面

图 6.41　雷达扫描监测

图 6.42　"1+N"实时监控数据

图 6.43　网格实时监控数据

3. 气象数据采集子系统

气象数据采集子系统通过分布在场内的气象数据传感器采集风速、风向、温度、湿度和气压实时气象数据，为模型计算提供基本数据条件。此外，系统还能够自动获得张家港市本地气象数据和大气环境监测数据，作为背景参考（图 6.44）。

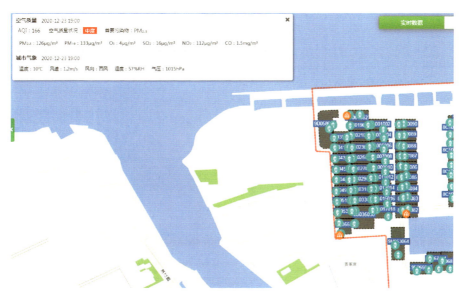

图 6.44　张家港本地空气质量及城市气象数据

4. 模型计算子系统

该子系统为后台计算子系统，通过粉尘浓度数据和粉尘激光雷达消光系数及退偏振比比例关系，模拟计算出全域粉尘浓度数据。结合气象数据，通过高斯浓度反推法利用浓度值反推污染物排放量。

5. 决策支持子系统

对每个扫描周期内的网格进行计算，对每个网格的排放量进行排序，利用网格的粉尘浓度排序对环保设备的启闭时机进行决策，基于粉尘起尘规律研究结论进行环保设备开启时长决策。算法决策模型中加入了一些相关修正参数，如雨雪天气修正，雨雪天气中降雨量达到一定数值时，全区域喷淋设备全部关闭。

系统具有自学习功能，通过空气质量模型模拟预测未来 24h 粉尘浓度走势预测（图 6.45），给出未来 24h 监测浓度预测曲线。

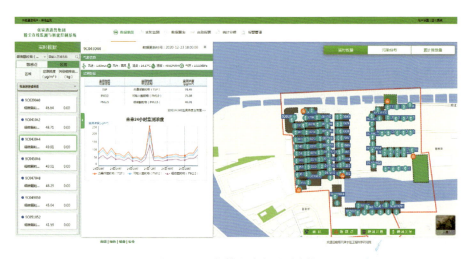

图 6.45　网格粉尘浓度预测功能

6. 自动报表统计分析子系统

该子系统有监测数据统计分析和自动生成报表功能(图 6.46)。

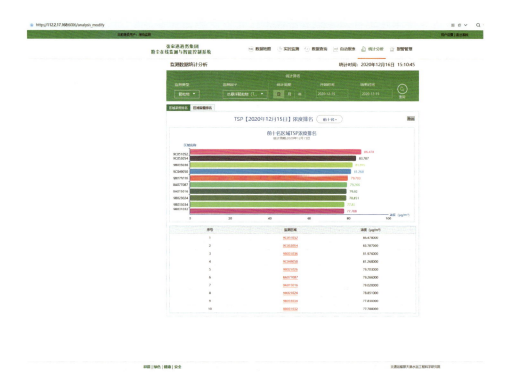

图 6.46　监测数据统计分析

针对2020年新出台的《排污许可证申请与核发技术规范 码头》(HJ 1107—2020)制度的相关要求，开发了污染物排放量核算功能。根据计算得到的各网格排放源强 Q，核算各网格每日/月/季/年的粉尘排放当量；智能统计全堆场粉尘排放当量，可实现码头实际排放量核算。系统可展示监控区域各网格粉尘排放量占比(玫瑰图)，排序及数据列表(图6.47)。

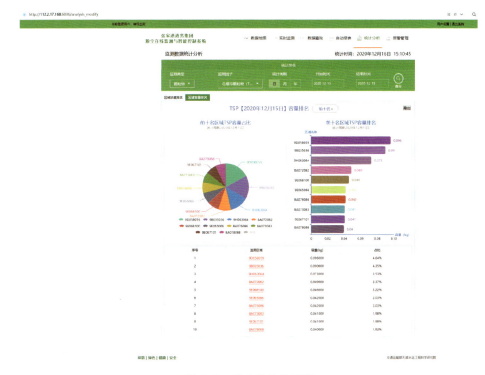

图6.47　粉尘排放量核算

系统对监测出的堆场粉尘特征污染在统计分析的基础上自动生成监测报表，智能分析超标数据，对超标时刻的粉尘浓度、风速、风向、湿度等参数进行智能统计分析，协助查找超标原因(图6.48)。

7. 数据查询子系统

数据查询子系统提供区域或关注点位的浓度数据查询。

进入区域界面后，默认展示的为全部区域、全部因子的实时浓度列表；进入敏感点界面后，界面内默认展示的为单个关注点、单个因子的实时数据。

查询周期精度：周期为小时的精度为分钟，周期为日的精度为小时，周期为月的精度为日，周期为季度和年的精度为月。

图 6.48　监测预警报表自动生成

数据显示颜色：查询数据超过预警值显示为黄色，超过报警值显示为红色。

监测因子趋势图：对于区域内所选的单个点位，查询结果可展示本周期监测因子平均浓度列表、本周期监测因子趋势图（图 6.49、图 6.50）。

图 6.49　区域历史数据查询

8. 预警预报子系统

系统具有预警报警功能，当粉尘浓度到设定预警阈值，系统将喷洒水信号发送到喷枪，智能开启喷洒水。预警值一般设置为粉尘报警浓度的 80%，达到预判控制效果（图 6.51）。

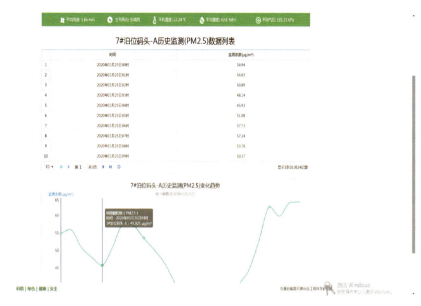

图 6.50　单个点位单监测因子历史数据查询

预警时间	预警状况	浓度值 (μg/m³)	浓度预警值 (μg/m³)	累计时长 (hour)	风力	风向	预警确认状态
2020-12-15 10:00:00	预警	157.70	120.00	1	2.100	东风	未确认

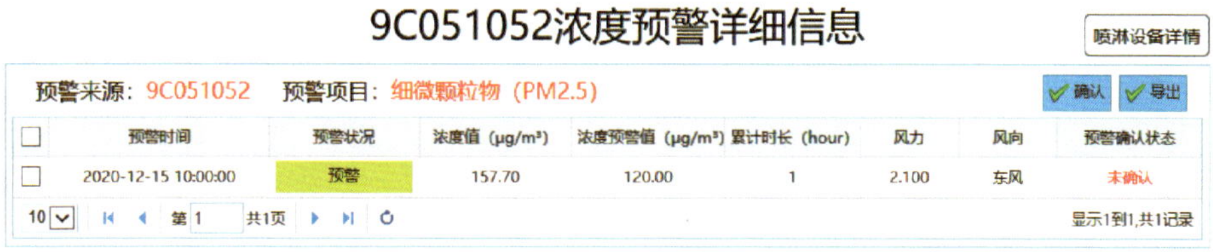

图 6.51　浓度预警

系统可以查询以往报警信息，进入报警管理界面后，界面内默认展示的为全部区域、全部因子在所选时间段的全部报警次数；默认查询周期为当天的报警数据；点击详情可查看区域详细报警信息，查看区域内具体每次报警的详细信息(图 6.52)。

9. 环保设备控制子系统

管理的最终目的是系统通过智能反演精准找到每一个起尘的料堆，一旦发现污染超出警戒值立即启动对应的喷洒装置，对起尘贡献率高的料堆进行源头定向抑尘。环保设备控制子系统功能主要为根据接收到的超标预警信息，对相应的环保设备进行启闭控制。点击喷淋设备详情可查看喷淋设备的操作日志(图 6.53)。

图 6.52　预警日志查询

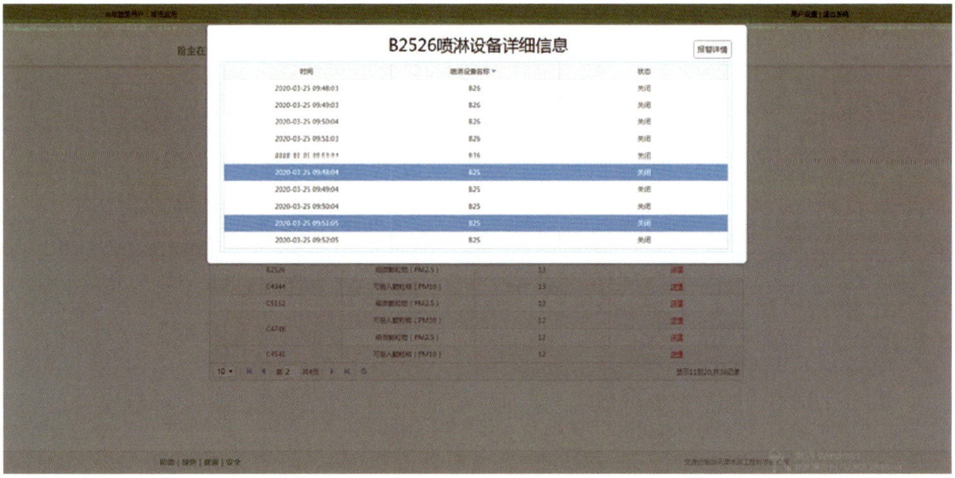

图 6.53　环保设备操作日志

6.3.4 抑尘效果分析

采用《港口建设项目环境影响评价规范》(JTS105-1-2011)中推荐的计算模型，具体计算模型如下：

$$Q_1 = 0.5\alpha(U - U_0)^3 S \qquad (6.1)$$

$$U_0 = 0.03e^{0.5w} + 3.2 \qquad (6.2)$$

式中

Q_1——堆场起尘量；

α——货物类型起尘调节系数；

U——风速，m/s；

U_0——混合粒径颗粒的起动风速，m/s；

S——堆表面积，m²；

w——含水率，%。

对于相同煤种，开启精准控尘系统前后的货物类型起尘调节系数 α，及堆表面积 S 相同，则抑尘率表达式为

$$\eta = \frac{Q_前 - Q_后}{Q_前} \times 100\% = \frac{(U - U_{0前})^3 - (U - U_{0后})^3}{(U - U_{0后})^3} \times 100\% \qquad (6.3)$$

式中

$Q_前$——开启精准控尘系统前的堆场起尘量；

$Q_后$——开启精准控尘系统后的堆场起尘量；

$U_{0前}$——开启精准控尘系统前的混合粒径起动风速，m/s；

$U_{0后}$——开启精准控尘系统后的混合粒径起动风速，m/s。

以张家港 2018 年逐时气象数据测算：未采用精准控尘系统的状态下，张家港煤炭表水自然含水率为 2%～4%，取中值 3%，起动风速为 3.33m/s，代入全年逐时风速计算得出 $(U - U_{0前})^3$ 为 8788.82。开启精准抑尘系统后可以准确找到起尘点位，对起尘点位进行抑尘。从现场采集的煤样分析，喷淋后的点位的煤炭表水含水量达到 8.9%～11.5%，取其低限 8.9%，则可计算得出起动风速为 5.77m/s，代入全年逐时风速计算得出 $(U - U_{0后})^3$ 为 363.51，因此系统抑尘率可预测为

$$\eta = \frac{(U - U_{0前})^3 - (U - U_{0后})^3}{(U - U_{0后})^3} \times 100\% = \frac{8788.82 - 363.51}{8788.82} \times 100\% = 95.9\% \tag{6.4}$$

综上，该精准控尘系统抑尘率达到95%以上。

6.4　本章小结

本章以张家港粉尘在线监测与智能控制系统为例，介绍散货码头粉尘智能监测与精准控制的应用情况。该系统中，将粉尘监测技术应用于港口散货装卸设备，精确掌握粉尘浓度实时变化状况，及时反馈于抑尘系统，捕捉最佳抑尘时机和时效。利用除尘精准控制技术，精准控制除尘频率和强度。节约除尘水电资源的同时提升了港口的抑尘效率。目前，该系统和技术也在国能天津港务有限责任公司、国能黄骅港务有限责任公司等国内大型重点煤炭散货码头进行了应用。

主要参考文献

陈东. 1999. 风沙运动规律的初步研究. 泥沙研究, 6: 84-88.

陈国华. 2003. 环境污染治理方法原理与工艺. 北京: 化学工业出版社.

陈曦, 葛少成. 2013. 基于 Fluent 软件的高压喷雾捕尘技术数值模拟与应用. 中国安全科学学报, 23(8): 144-149.

程俊敏. 1989. 国外散料装卸作业场所悬浮颗粒物排放因子研究概况. 交通环保, 5: 32-37.

程卫民, 聂文, 周刚, 等. 2011. 煤矿高压喷雾雾化粒度的降尘性能研究. 中国矿业大学学报, 40(2): 185-206.

程卫民, 周刚, 左前明, 等. 2010. 喷嘴喷雾压力与雾化粒度关系的实验研究. 煤炭学报, 35(8): 1308-1313.

丛晓春, 陈志龙, 詹水芬. 2010. 露天煤场静态起尘量的实验研究. 中国矿业大学学报, 39(6): 849-853.

董治宝, 郑晓静. 2005. 中国风沙物理研究 50a. 中国沙漠, 25(6): 765-815.

渡边一郎, 舆清志, 木村富士男, 等. 1988. 煤堆场起尘的风洞试验. 交通环保, (S1): 42, 43.

高艳艳, 潘俊, 何晨玲. 2007. 煤场扬尘影响预测与措施研究. 工业安全与环保, 33(11): 40-42.

桂哲, 刘荣华, 王鹏飞, 等. 2016. 供水压强对气水喷雾雾化粒度的影响. 矿业工程研究, 31(3): 21-25.

河村, 龍马. 1951. 飛砂の研究. 東京大學理工學研究所報告, 5(3): 95-112.

井亮, 张春意, 洪宁宁, 等. 2011. 港口智能喷洒水系统系列产品研究. 天津: 交通运输部天津水运工程科学研究院.

刘海玉, 冯杰. 1998. 煤场二次扬尘的计算方法及其应用. 山东环境, 3: 12-14.

刘琴, 郭如珍, 吴学文, 等. 1986. 露天煤矿煤堆和矸石堆的起尘规律的研究. 交通环保, (Z1): 88-96.

刘荣华, 桂哲, 王鹏飞, 等. 2016. 供水压强对气水喷雾雾化粒度的影响. 矿业工程研究, 31(3): 21-25.

马乾初. 1985. 煤粉尘污染风洞实验研究. 武汉水运工程学院学报, 1: 17-24.

马仁民. 1957. 选矿厂除尘问题. 西安建筑科技大学学报 (自然科学版), 2: 9-16.

马素平, 寇子明. 2005. 喷雾降尘机理的研究. 煤炭学报, 30(3): 297-300.

马中飞, 闫正波, 陈家祥, 等. 2011. 综掘工作面水气旋转射流降尘系统的数值模拟与实验. 煤炭学报, 36(5): 818-822.

汤梦, 刘荣华, 王鹏飞, 等. 2015. 高压喷雾雾化特性及降尘效率实验研究. 矿业工程研究, 30(1): 76-80.

王宝章, 齐鸣, 徐铀, 等. 1986. 煤炭装卸、堆放起尘规律及煤尘扩散规律的研究. 交通环保, (Z1): 1-4.

王丹. 2010. 煤炭堆场防风抑尘集成技术的应用. 环境科学与技术, 33(6E): 84-86.

王献孚, 刘琴, 汤忠谷, 等. 1987. 粉尘污染的风洞实验研究. 环境科学, 8(6): 21-25.

吴维平. 2003. 中国沿海港口粉尘污染的防治现状与对策. 交通环保, 22(4): 380-384.

吴正. 1987. 风沙地貌学. 北京: 科学出版社.

辛庚华. 2010. 露天堆场起尘与防风网遮蔽效果机理研究及现场实测分析. 大连: 大连理工大学.

徐天真, 杨恩承, 陈国丽. 1985. 风致煤场起尘量观测分析. 山东海洋学院学报, 15(4): 14-16.

薛竞华. 1966. 湿式除尘. 化学世界, 4: 183-185.

杨贺清. 1986. 煤矿粉尘污染的风洞实验研究. 交通环保, (Z1): 10-12.

张小艳, 郭强, 李全. 2003. 微细水雾除尘技术的实验研究. 环境污染与防治, 25(4): 234-236.

赵振保, 杨晨, 孙春燕, 等. 2011. 煤尘润湿性的实验研究. 煤炭学报, 36(3): 442-446.

朱景韩, 刘琴. 1986. 煤堆垛起尘风速的实验研究. 交通环保, (Z1): 71-73.

Bagnold R A. 1954. Experiments on a gravity-free dispersion of large solid spheres in a newtonian fluid under shear//Proceedings of the Royal Society of London: Series A, Mathematical and Physical Sciences, 225(1160): 49-63.

Bagnold R A. 1959. 风沙和荒漠沙丘物理学. 钱宁, 林秉南, 译. 北京: 科学出版社.

Belle B K, Du Plessis J J L. 2002. Recent advances in dust control technology on South African underground coal mines. Journal of the Mine Ventilation Society of South Africa, 55 (4) : 138-144.

Cowherd C J, Marcus M, Guenther C M, et al. 1975. Hazardous emission characterization of utility boilers. U. S. Environmental Protection Agency Office of Research and Development, Washington, D. C.

Cowherd C. 1978. Fugitive emissions from iron foundries: Final report. Midwest Research Inst. , Kansas City.

Cowherd C. 1982. Particulate emission reductions from road paving in California oil fields. Proceedings of Annual Meet, Air Pollution Control Association.

EPA. 1988. Update of fugitive dust emissions factors in AP-42, Midwest Research Institute, Kansas City.

Kadib A L A. 1966. Mechanism of sand movement on coastal dunes. Journal of the Waterways and Harbors Division, 92 (2) : 27-44.

附录：散货码头粉尘智能监测与控制相关政策

本书参考以下相关政策文件：

(1)中共中央　国务院，《交通强国建设纲要》，2019 年 9 月 19 日。

(2)国务院，《大气污染防治行动计划》，2013 年 9 月 10 日。

(3)交通运输部，《内河航运发展纲要》，2020 年 5 月 29 日。

(4)交通运输部联合国家发展改革委、工业和信息化部、财政部、商务部、海关总署和税务总局，《关于大力推进海运业高质量发展的指导意见》，2020 年 2 月 3 日。

(5)交通运输部等九部门，《关于建设世界一流港口的指导意见》，2019 年 11 月 6 日。

(6)交通运输部，《关于全面深入推进绿色交通发展的意见》，2017 年 11 月 27 日。

(7)交通运输部，《推进交通运输生态文明建设实施方案》，2017 年 4 月 14 日。

(8)交通运输部，《关于推进港口转型升级的指导意见》，2014 年 6 月 10 日。

(9)生态环境部，《环境空气细颗粒物污染综合防治技术政策》，2013 年 9 月 25 日。